JN191198

経済ニュースが簡単に理解できる

まるっと経済学

公認会計士
澤昭人

repicbook

イントロダクション

　この本は、２０１９年8月にリピックブックより発売した『人生をぐるっと変える まるっと経済学』の続編に当たります。前作同様、本作も新パーソナリティにＡＫＢ48総監督の向井地美音さんを迎えて装いを新たに放送しているＴＯＫＹＯ ＦＭのラジオ番組『ジュグラーの波』（２０１９年10月現在、毎週木曜夜9時30分から放送中）を小説風に再構成してまとめ上げたものです。

　前作は『アジアの世紀』と『第4次産業革命』が主なテーマでしたが、本作は『日本の財政』と『アフリカの時代』、そして『ＳＤＧｓ（持続可能性）』がメインテーマとなります。

　2冊で完結した形となりますが、この本から読み始めても大きな支障はありません。

　日本のＧＤＰ（名目）は今のところ世界第3位の地位を保っていますが、１人あたりＧＤＰではシンガポールやニュージーランドより下の25位（２０１７年）と既に上位国ではなく、カリブ海のバハマと大差ありません。物価水準を考慮すると30位まで下がってしまい、地中海のマルタをわずかに上回る程度です。世界に比べれば、自分たちが思っているほど個人の生活は豊かではないのです。カリブ海や地中海の人々と同じようにのんびり過ごすことができればそれで十分幸せではないか、という声も聞こえてきそうですが、現実はそんなに甘くはありません。

　日本は少子高齢化の最先端の国であり、人口はどんどん減っていき２１００年には8千万人になると予想されています。高齢者が増え、逆に働き手が減る中、年金や医療費などの福祉の財源をどう確保するかは待ったなしの段階です。１１００兆円を超えた国の借金をどう返済していけばいいのかという、思考停止に陥りそうなぐらい大きな問題もあります。

これに対し、アジアやアフリカはこれから働き手の人口が増えてくる時代になります。21世紀は『アジアの世紀』だ、『アフリカの時代』だ、と声高に叫ばれていますが、インドネシアの経済規模は今後10年で日本に追いつき、2050年には日本を大きく超えるという予測さえあります。しかもＡＩやＩｏＴによる『第４次産業革命』により、かつて人類が経験したことがないスピードで経済は変化しており、加えてＧＡＦＡなどの米国勢にネットによる情報を独占されてしまった今日、日本は何もしないでいるとずるずると後退していくばかりです。変化のスピードについて行けない企業はたとえ大企業であっても倒産しかねず、『グローバリゼーション４・０』により競争社会に取り残された貧困層の対策なども急務です。こんなパラダイムシフトが起きている時代ですから、国連が主導する『ＳＤＧｓ』をはじめとしたサステナブル、つまり『持続可能性』が話題となるのは必然ともいえます。

本書はそんな時代に取り残されないための基礎知識を学ぶ本です。バハマの海でのんびりするのもいいですが、複雑に絡み合った経済の糸口をつかむことも、自分の人生を豊かに —— それは精神的にも財産的にもです —— してくれるきっかけとなるはずです。

最後に、本書の作成にあたり様々なアドバイスをいただいた中部学院大学経営学部学科長畠山（はたけやま）久志（ひさし）教授、アイドルにもかかわらず原稿を寄稿してくれるなど、この本の制作に真剣に取り組んでくれたＡＫＢ48向井地美音さん、そしてラジオスタッフの皆さんに感謝の意を表したいと思います。

公認会計士　澤（さわ）昭人（あきと）

イントロダクション

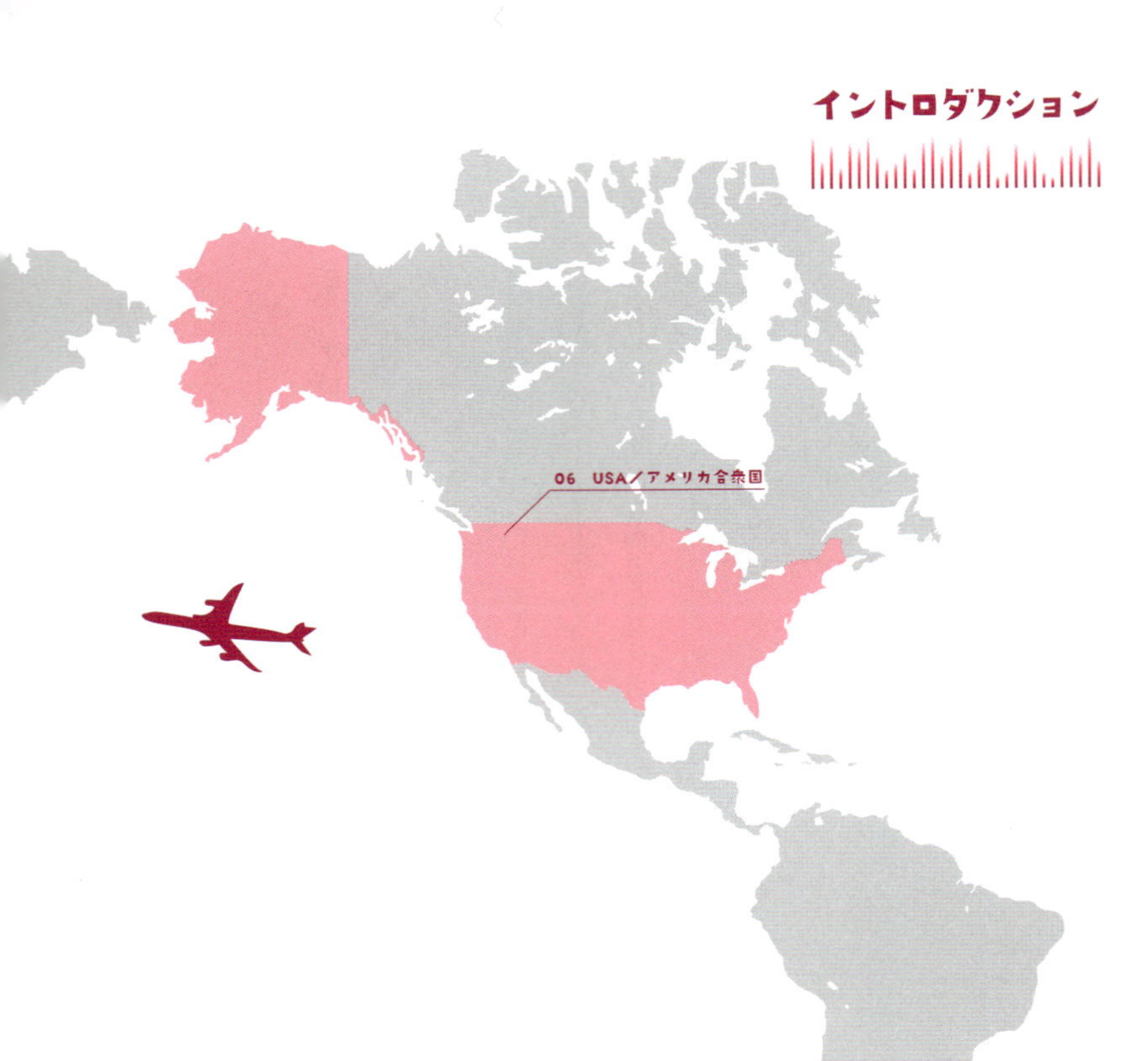

主な登場人物

籠崎（かごさき） 美令（みれい）（23才）
日本のロックバンドP:ste（ピステ）のアルバイトスタッフ

サクラ（24才）
P:steのボーカル。実家は超富裕層

タクミ（24才）
P:steのリーダー。ギター担当

ケンタ（24才）
P:steのドラム担当

マサル（24才）
P:steのベース担当

沖川原（おきがわら） 洋司（58才）
P:steの所属事務所社長

等々力（とどろき） 景子（26才）
P:steのマネージャー

ピエール
フランスで出会ったラジオのパーソナリティ

これまで（前作）のあらすじ

大学受験や就活に失敗し、やり場のない挫折感でくすぶっていた籠崎美令。伯父である沖川原が経営する芸能事務所に所属するロックバンドグループ〝P:ste〟の世界ツアーにスタッフとして同行することになるが、P:steのメンバーは一癖も二癖もある個性派揃いでいつもバラバラ。

そんな彼らに振り回されながらも、インドネシアの『リープフロッグ』、イギリスの『ビットコイン』、ドイツの『第4次産業革命』など、世界各地で経済のホットなキーワードに触れていくうちに、美令の中に変化が生まれ、将来について考え始める。

そして世界ツアーも中盤を迎えた矢先、発券トラブルでフィンランド公演が中止になってしまう。これにより資金不足に陥り、世界ツアーの続行が危ぶまれる中、美令は資金集めのために沖川原とともに日本へ一時帰国することになったのだった。

CONTENTS

【解説】

02 CôTE D'IVOIRE コートジボワール編 …… 57

03 NORWAY ノルウェー編 …… 79

CONTENTS

CHAPTER

01

JAPAN / 日本編

1人あたり GDP ランキング 25 位 

	人口	GDP	1人あたり GDP
2007 年	12,800 万人	497 兆円	389 万円
2017 年	12,680 万人	536 兆円	423 万円

人口：世界銀行の統計から引用
GDP、1人あたり GDP：国際通貨基金（IMF）の統計から引用
円換算はすべてドル/円為替レート 110 円にて算出

一時帰国

成田に到着したのは午後1時。ヘルシンキを出発して10時間ほど経っていた。
籠崎美令（かごさきみれい）は空港内をぐるりと見渡した。懐かしいというほどでもないが、P:ste（ピステ）の世界ツアーで成田を発ってから、1カ月半ほどになる。
（もうずっと前のことのような気がする……）

大学受験・就職と失敗を重ね、実家でほぼ、いや完璧なニートとして毎日をただ消化していた美令。だがそれをみかねた母親が実の兄、美令にとっては伯父にあたる沖川原（おきがわら）にSOSを送ったことにより生活は一変した。沖川原は東京で小さな芸能事務所「オキオフィス」を経営しており、唯一の所属バンドであるP:steのグローバルなブレイクに伴い世界ツアーをスタートさせるところだった。そのアシスタントスタッフとして美令を雇ってくれたのだ。もちろん待遇はアルバイトである。

海外旅行をただで楽しめる――その程度の気持ちで参加した美令を待っていたのは、予想に反してあまりにも刺激的な日々だった。シンガポールを皮切りにアジア3カ国、ヨーロッパ3カ国とツアーを重ねる中で知った、日本とはまったく違う文化や価値観、人。そもそも同じ日本人であるはずのP:steのメンバーもかなり個性的で誰一人として一筋縄(ひとすじなわ)ではいかない。

なかでも美令が驚いたのは、〝時代の変化〟だった。第4次産業革命や人口ピラミッド、ユニコーン企業……。なんとなくネットやテレビで目や耳にしたこともあれば、まったく初めての響きを持つ言葉やシステムに次から次へと直面したこともあり、すべてを消化しきれてはいないが、とにかくいま、時代がめまぐるしく変わっているという事実だけを体感し続けた1カ月半だった。

ツアーは80日間で11カ国を予定していたが、フィンランド公演を前にトラブルが発生してライブは中止。資金面での問題が生じ、沖川原と美令だけが急遽(きゅうきょ)日本に一時帰国したのだ。

(なんとか資金を調達して、残りのツアーを成功させなきゃ)

1カ月半後の自分がまさかこんなにも強い意志を持ってみんなと同じ場所に立っているとは、あの頃は想像もしなかった。だが、いまはそんなことに浸っている場合ではない。P:steのメンバー4人とマネージャーの景子は、次のツアー先であるコートジボワー

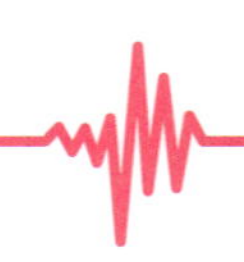

ルに先入りし、二人が朗報をもたらすのを待っている。やっと世界に向けたスタートラインに立ったばかりの世界ツアーの旅をここで終わらせるわけにはいかない。
とにかく目の前の問題を解決することが先決だ。いまはそれだけに集中しよう。

貸借対照表とクラウド会計

「まずは銀行だ。都内に出よう」

と、沖川原はまっすぐタクシー乗り場に向かった。その後ろ姿に覚悟が感じられる。

大手町に着くと、二人はその足でメインバンクにしている銀行へ駆けこんだ。

「今月中にあと300万円、貸して欲しいんです！」

取引銀行の担当者に沖川原は頭を下げた。

「ちょっとしたトラブルで公演がキャンセルになって、その分売上が減っちゃうんですわ。お願いしますよ〜小暮(こぐれ)ちゃ〜ん」

沖川原は、飛行機の中で渋い顔をしながらずっと金策の資料を作っていた。だが、付き合いが長い担当者とのやりとりは終始明るい。むしろ軽薄にすら見える。最初はそういうところが苦手だったが、最近は少し分かってきた。沖川原はＴＰＯに合わせて、いろいろなキャラを使い分けているのだ。今回も、この場面ではこういう、ちょっと軽めのテンションがいいと踏んだのだろう。だが……。これも最近分かってきたことだが、どうも沖川原の考えるキャラ設定はズレている気がする。実際、小暮ちゃんと呼ばれた担当者はそこそこ渋い顔をしている。

「売上が減るから貸してくれと言われましてもねえ」

世界ツアーの収益が、P:ste の所属事務所であり沖川原が社長を務めるオキオフィスに入るのは各公演日の翌月末だが、ツアーの費用は先出しであり、そのために銀行から２千万円を借りていた。だがフィンランド公演がキャンセルになったことで、来月の借入金の返済が滞ってしまう恐れが生じて、追加融資を頼む必要があるのだ。

「僕と君の仲じゃないか、小暮ちゃん」

「もちろん、沖川原さんとは長いお付き合いをさせていただいていますよ。でも売上が減るというのにお金をお貸しするというのは……難しいですよ」

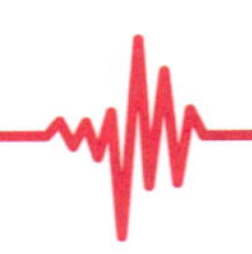

「P:steは世界ツアーをやってるんですよ。これからビッグアーティストになって、バンバン稼ぐんですよ。その輝かしい未来のためにお金を貸すのが銀行の役割でしょ。P:steの将来性を考えたら、今貸しておかないとおたくの銀行損するよ。なんならメインバンク変えてもいいんだし」

「脅してもダメですよ、沖川原さん。御社の貸借対照表を見てください。前期の年間売上が2千万円なのに負債が1億円です。売上の5倍負債があります。さすがにもうお貸しできませんよ」

小暮はピシャリと言い放った。

貸借対照表（たいしゃくたいしょうひょう）（**Balance Sheet**（バランスシート）**— B/S**（ビーエス））とは、現金など企業のプラスの財産である**資産**と、借入金など返済義務のあるマイナスの財産である**負債**を表にしたものをいう。

「前期はまだP:steのデビュー前だよ。その時のフローと今のストックを比べられても困るよ」

会計用語の**フロー**とは、一定期間内の売上や仕入などの取引高のことであり、**ストック**とは、ある日の残高のことである。

「P:steがデビューしてからの売上を見てよ」

「そう言われても、まだ決算書をいただいていないですよ。御社の決算は再来月ですから、それがまとまってからまたお申し込みになってはいかがですか？」

「それじゃあ、遅いんだよ。今月融資して欲しいんだ」

決算書とは、企業の売上や利益などを示す**損益計算書（Profit and Loss Statement―P/L）**と、資産負債の規模やバランスを示す貸借対照表のことで、**財務諸表**ともいう。**決算**は、企業の1年間の会計期間が終了し、会計の数値を整理して財務諸表を作成することをいう。会計期間の終了日を**決算日**または**期末日（期末）**というが、法人の場合、決算日は自由に選ぶことができる。日本は3月末、欧米は12月末が多いが、Appleは9月末であり、3月末や12月末以外に決算日を設定する企業もたくさんある。

融資してもらいたいのは美令だって同じだ。

「何か……いい方法はないんでしょうか」

美令の問いに、小暮はしばし考えていた。

「うーん……。うちの銀行は、クラウド会計をご利用なさっていれば即日審査を実施しているのですが」

「クラウド会計？」

初めて耳にする言葉だ。

「はい。ただ、沖川原さんの会社ではご利用されていませんよね。それを利用していれば、本日ご回答ができたのですが」

「えっ？　何それ、どうしてそんなのあるって言ってくれなかったの～？」

沖川原が嘆くように小暮を問い詰めた。

クラウド（cloud）とは、インターネットを通してサーバー上にある様々なサービスを利用することだというのはなんとなく知っていた。その会計って……。

「あの、クラウド会計って何でしょう。クラウドファンディングとは違うんですよね」

美令は小暮に質問した。

「**クラウド会計**とは、サーバー上の会計ソフトをネットを通して利用するシステムのことで、データはすべてクラウド上に保存されます」

日本のフィンテックベンチャーであるfreee（フリー）は、クラウド会計と銀行の審査システムをつなぎ、クラウド上で融資審査を完了するサービスをジャパンネット銀行と共同で2016年から始めている。freee のクラウド会計ソフトを使っている企業がこのサービスを利用できるのだ。会計データをリアルタイムで参照できるため、スピーディーに審査ができるだけでなく、銀行口座絡みの取引はすべてダイレクトにつながっており、自動的に仕訳（しわけ）されるため、情報の信用性も確保されている。**仕訳**とは、企業の取引を記録するための会計上の形式で、**複式簿記**（ふくしきぼき）という世界共通の形式で記録される。

従来型の融資の申し込みは、面倒な紙の書類をたくさん書かなければならず、煩雑（はんざつ）であり非効率でもあった。今後は freee のようなクラウド会計と連動し、さらに審査にAIを導入するサービスへと移行していくと考えられている。

日本ではフィンテックを推進するために、銀行の口座情報をクラウド会計や家計簿ソフトなどのフィンテック企業が利用できる「オープンAPI」を2020年までに80行以上の金融機関が導入することを目標としている。**オープンAPI（Application（アプリケーション） Programming（プログラミング） Interface（インターフェイス））**とは、銀行などのソフトウエアの機能を外部のアプリケーションから利用できるようにすることをいう。

（へえ……、日本のフィンテックも結構頑張っているじゃん）

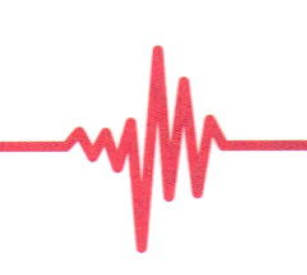

と美令が少し感動していると、隣で沖川原が大きな声を張り上げた。

「今すぐそのクラウド会計にするから、なんとか今月中にお願いしますよ。リアルタイムの会計情報を見てくれれば分かると思うけど、今期の売上は前期の数倍は超えるよ！」

小暮はゆっくりと首を振り、諭すように言った。

「その話はクラウド会計にしてからにするとして、私は担当者として不安です。御社がこれ以上借金を増やすと、日本の財政みたいに破綻しやしないかと」

小暮は机に積んであった資料を沖川原たちの前に差し出した。

「こんな風になって欲しくないんですよ」

国の財務書類

国は企業と同じように財務諸表を作成し、「国の財務書類」として公表している。2018年3月末の貸借対照表を見ると、負債を表示する右側の欄に「負債合計」1239兆円とある。このうち公債など国の借金とされるものは、1100兆円ある。これは国民1人当たり800万円以上の借金を負っていることになる。

国の負債のバランスを見る場合、国の経済規模であるGDPとの比率を用いる。日本のGDPは536兆円、負債1239兆円であるためGDPに対する負債比率は230%を超えることになる。

「この230%は世界一の数字です！」

「小暮ちゃん、いきなり国と置き換えないでよ。そもそも日本は経済大国だろう。企業だって規模が大きくなれば借金だって増えるんだから、それぐらいあっても問題ないじゃないか」

負債の多くは国債である。**国債**とは、国が発行する債券で、金融機関や個人が購入する。国は一定期間利息を払わなければならず、償還期限が来ると購入者に返済する。地方公共団体が発行する地方債などとあわせて**公債**ともいう。

貸借対照表

2018年3月末

（単位：兆円）

資産		負債	
現預金	48	政府短期証券	77
有価証券	119	公債	967
貸付金	113	その他負債	195
その他流動資産	134	負債合計	1,239
固定資産	257	資産負債差額	-568
合計	671	合計	671

出典：「国の財務書類」財務省

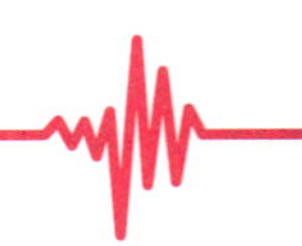

「第3位のバルバドスとか、聞いたこともない国名がたくさん！」

小暮が手にしている『国の負債対GDP比率ランキング』を覗き込んだ美令が思わず口を開いた。

バルバドスはカリブ海にある小さな島国、6位のエリトリアは東アフリカにある人口500万人の小国、9位のカーボヴェルデはアフリカの北西沖に浮かぶ人口50万人の島

2017年度
国の負債対GDP比率ランキング

（自治領などを含む）

順位	国名	比率
1位	日本	235%
2位	ギリシャ	179%
3位	バルバドス	158%
4位	レバノン	149%
5位	イタリア	131%
6位	エリトリア	131%
7位	コンゴ共和国	125%
8位	ポルトガル	125%
9位	カーボヴェルデ	125%
10位	スーダン	122%
……	……	……
11位	シンガポール	107%
13位	アメリカ	106%
18位	フランス	99%
28位	イギリス	87%
58位	ドイツ	64%
66位	フィンランド	61%
80位	マレーシア	55%
100位	コートジボワール	50%
109位	中国	47%
117位	スウェーデン	41%
139位	ノルウェー	37%
157位	インドネシア	29%

出典：IMF

国である。

「そんな中で日本がダントツで一番って、ある意味すごい！」

「感心しないでくださいよ……。この比率は、国の経済規模に対してどれだけの負債があるかという割合を示すものですから、GDPが小さな国の比率が大きくても、負債の額としてはさほどではありません。でも、日本はGDP世界第3位の国で230％オーバーですからね」

2位のギリシャは、負債対GDP比率は179％だが、GDPが22兆円と小さいため、負債額は40兆円ほどだ。

「オキオフィスさんは売上2千万円で負債1億円ですから、負債対売上比率は500％です。これはなかなか厳しい数値だというのはおわかりいただけますよね」

「デビューする前の売上じゃなくて、将来の可能性を見てよ。P:steはオキオフィスにとって莫大（ばくだい）な資産だよ。その資産の方も見て投資するのが、本来の銀行ってもんじゃないの」

（それは無理があるんじゃない？）

美令は絶望的な気持ちになってきた。でも小暮は根気強く対応してくれている。

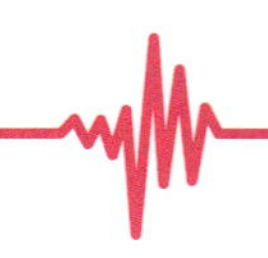

「たしかに御社にはP:steという数字には表れていない資産があることは認めます。世界ツアー真っ最中のその資産が、大きな売上をあげてほしいと、私だって心から願っています。ですが、まだP:steはデビューしたばかりで、プロモーション活動などの広告宣伝費もかさむでしょう。これから先も赤字が続く可能性だってあるはずです」

「可能性の話をされてもねぇ……」

(さっき自分でも、将来の可能性を語っていたじゃない)

伯父の味方をしたいと思いながらも、心の中では突っ込みを入れずにいられなかった。

「赤字を埋めるために借り入れをしていては、いつ自転車操業になってもおかしくないですよ」

自転車操業とは、資金の借り入れと返済を繰り返しながらかろうじて操業を続けることをいう。

日本は1239兆円の負債だけがあるわけではなく、国の貸借対照表の左側に表示される資産が671兆円ある。極端な話、これを全部売却すれば負債は568兆円まで減ることになる。この負債から資産を引いた額である**純負債**とGDPとの比率を見ると

100%近くまで減少する。

また、政府や自治体は公共インフラなど財務数値には出てこない莫大な資産を有しており、ほとんどが過小評価されているという指摘もある。日本のようにインフラが整った国には隠れた資産が多くあり、純負債は568兆円よりさらに小さくなる可能性が高いという。

しかし日本は少子高齢化により年金支払や医療費などの社会保障費の負担が重くのしかかり、財政赤字が続くだろうとも考えられている。**財政赤字**とは、税金や社会保険料による国の収入よりも、公的年金の支払いなど国の支出の方が大きく、財政収支が赤字となることをいう。

「国も、前回の東京オリンピックの翌年、1965年にオリンピック反動不況で税収が落ちこんで、その対応のために初めて赤字国債を発行しましたが、その後もオイルショックなどがあって、ずるずると負債総額は1200兆円まで来てしまいましたからね。本来、赤字国債は禁じ手です。御社だって同じですよ。赤字の穴埋めのために借りてしまうと、泥沼の借金地獄が待っています」

赤字国債と世代間格差

法律上、国債の発行が認められるのは、道路やダムの建設など公共事業費などに限定されている(財政法4条)。本来は、財源の赤字を埋めるための国債(これを**赤字国債**または**特例国債**という)は発行できない。このため、一定期間、その時だけに適用される特例法を作って赤字国債を発行している。2016年には2020年度まで赤字国債を発行できる特例公債法が施行されている。

2018年3月末時点で、赤字国債は555兆円と、公債全体967兆円の半分以上を占めており、前年より23兆円増えている。

小暮のシビアな指摘に沖川原の声が大きくなった。

「うちは国とは違うよ。あっという間に黒字になる。ライブに来てくれれば分かる。世界の流れが今、P:steに向かってきているんだ!」

「チケットの値上げはされているのですか? 昨年の数字から見ると、チケットが安すぎて利益が少なすぎます」

「もちろんプロデビューしてからチケットは値上げしてるよ。CDはこういうご時世だからさほど売れないけど、ライブとストリーミングで今年は大黒字だよ」

「失礼ながら、たとえP:steが当たったとしてもロックグループが何十年も活躍できるのは、ごく一部の超大物アーティストだけです。売上が少なくなったときに返済ができなくなって、数年後には倒産することだってありますよ」


日本の財政収支の赤字を終わらせない限り、負債は増える一方となる。このためOECD（経済協力開発機構）は、日本が持続可能な財政を確保するには、消費税率を20〜26％まで引き上げなければならないと提言している。


すべてを理解できたわけではないが、美令は小暮の言うことはもっともな気がしてきた。作戦を練って出直そうと言いかけたとき、沖川原は小暮の方に身を乗り出し、まわりに聞こえないように声を潜めた。

「実はここだけの話なんだけどね、うちはP:ste二期生を募集するつもりなんだよ。その後も三期生、四期生と続いていくんだ」

（はい？）

そんなの初耳だ。アイドルグループじゃあるまいし、美令はあぜんとして声も出な

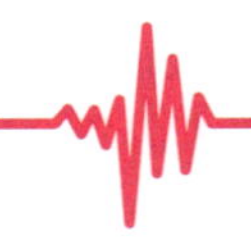

かった。

「なるほど、借金の返済は後続の売上で賄おうというわけですか。ですがそれは世代間の不公平につながりませんか?」

赤字国債の最大の欠点として、**世代間格差**が挙げられる。財政赤字を国債などの借り入れで賄う（まかな）ことによって得をするのは、その時年金を受け取る年代である。ところがこの国債を返済するときの財源となるのは、返済時の税収であり、それを払うのは返済時の現役世代である。

「でも、うちの会社の借入が1億円といっても、御行から借りているのは2千万円だけだよ。残りの8千万円は妻の実家から借りているわけだし」

「え、そうなんですか?」

驚いた美令はうっかり声を出してしまった。沖川原の妻には一度しか会ったことがないが、明るくて感じのいい女性だった。実家はたしか埼玉で工場を経営していたはずだ。そこでお金を借りていたのか。

日本の国債の保有者は、日本銀行が46％とほぼ半分を占める。銀行、生命保険などの一般の金融機関を含めると8割を超える。海外の購入者はおよそ7％とほとんどいない（2019年3月末）。

つまり、内輪（うちわ）で借りているにすぎないと言える。

日銀が保有する国債476兆円だけで、対GDP負債比率は80％を超える。この数字は世界の中央銀行が保有する国債の対GDP比率としては群を抜いている。

縫製工場とファッションテック

結局、小暮を説得することができず銀行融資を諦めた沖川原は、妻の直子に連絡をした。

中央銀行が保有する国債の対GDP割合

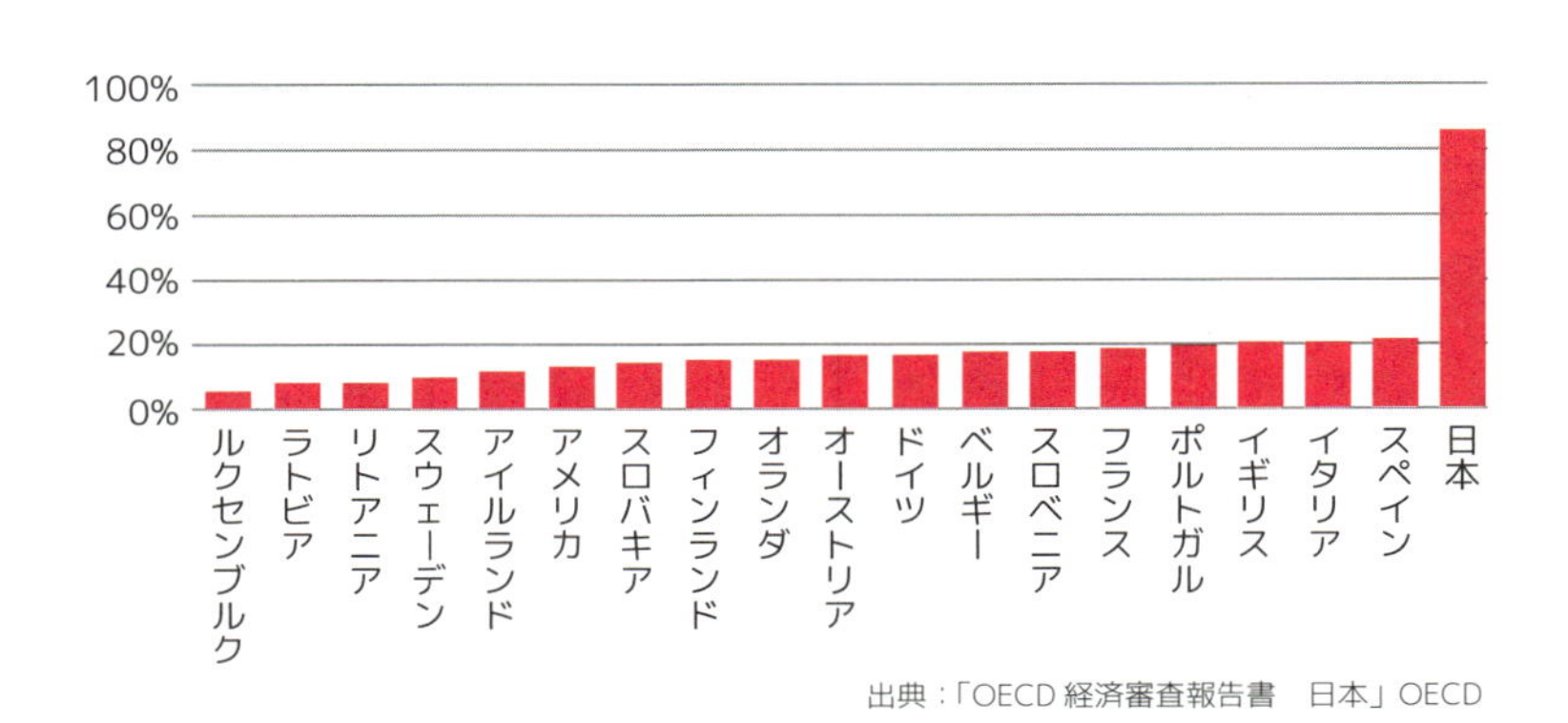

出典：「OECD経済審査報告書　日本」OECD

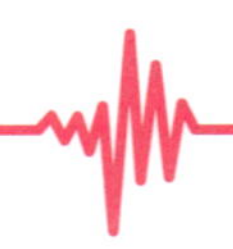

そして美令を連れて埼玉にある直子の実家に向かった。様子を伺い、頼めそうなら義理の母に新たな増資を頼むつもりだという。**増資**とは、会社の運営資金である資本金を新しく入れてもらうために、新株式を発行することをいう。

（それにしても……）

美令はさっきからひっかかっている沖川原の言葉を確かめずにはいられなかった。

「あのう……二期生、三期生って……」

沖川原はちらりと美令を見て、

「あのとき、ふと、そんなのもありかなって思いついただけだよ」

「融資を頼むためのその場しのぎのはったりだったってことですか？」

と、美令は少し非難する口調となり顔をしかめた。

「嘘ではないよ。P:steが永遠に続くには、二期生とか、変化を受けることも大切だと思うのよ。目指すは次世代までも続く持続可能なロックバンドかな」

（でもロックバンドに二期生とかはちょっと……）

「あと、銀行の出方を見てみたかったこともある。俺はね、P:steに賭けているんだ。人生をって言ってもいいくらいね」

やはり沖川原はどこまでが本気で本当なのか分からない。ただ、P:ste に賭けているっていうのは信じてもいい。いや、信じたい。美令だって、人生を賭けてとまではいかないけれど彼らの成功を心から願っているのだから。

直子の実家が経営する縫製工場は、新座駅から車で5分ほどの工業地区にあった。直子の父親が立ち上げたこの工場は、技術の確かさから大手アパレルメーカーを得意先として掴み、ファッション業界の好景気の時期とも重なり経営を軌道に乗せた。直子が高校生のとき父親が脳溢血で突然亡くなった後も、工場を継いだ母親が持ち前の粘り強さから得意先を拡大させ、一時は１００人近くの従業員を抱えるほど、会社を成長させていた。


「おかえりなさい。ああ、美令ちゃんも、お疲れ様！」

沖川原が留守の間は実家で暮らしているという直子が、二人を出迎えてくれた。

「ご無沙汰しています、伯母さん！」

直子の隣には白髪のショートカットの女性が立っていた。

「こんな遠くまでよくいらっしゃいました」

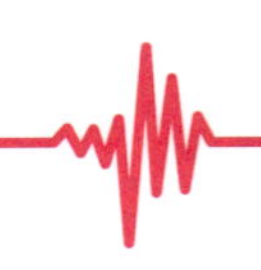

直子の母親だ。70才を超えているとは思えないほど若々しく、笑顔が素敵な女性だ。

挨拶を済ませると、工場を案内してくれた。沖川原と一緒に見学させてもらう。昔ながらの黒いミシンに向かっているのはほとんどが中国系か東南アジア系の外国人だった。

「最盛期の頃から比べると寂しいくらいに、誰も座っていないミシンが目立つね」

沖川原が言った。

「受注も少なくなったけど、それ以上に人手が足りなくてね。最近は外国人を雇うのも難しいのよ」

「入管法が改正されて雇いやすくなったんじゃないの？」

「縫製工場は特定技能の対象になっていないのよ。まあ、なったとしてもアジアはどんどん豊かになっているから、うちの工場で働きたいという人がそんなにいるかどうか……。給料安いからねえ」

政府は2023年頃までに145万人以上の人手不足が発生すると推定しており、生産性の向上や、この**特定技能制度**（54ページ参照）で乗り切る戦略を立てている。

直子の母親は時計を見て言った。

「これからお客さんがみえるの。この工場を買いたいと言ってくれている会社があってね。仲介会社の人が面談に来るのよ」

「え？　工場売っちゃうんですか？」

ショックを隠しきれないのか、沖川原は天井を見上げた。新たな増資を頼もうという目論見（もくろみ）でここまで来たのに、話を切り出す前に工場売却の話だ。

「縫製工場も新しいスマートファクトリーとかいうのが、どんどん出てきてね。うちはもう時代遅れ」

天井を見上げたまま何も喋（しゃべ）らない沖川原に代わって美令が会話を引き継いだ。

「スマートファクトリーって、第４次産業革命とかのやつですか？」

「よく知っているわね、あなた。それよそれ。ファッション業界ではファッションテックとも言うみたいよ」

ドイツのベンツ工場で見たスマートファクトリーは、ファッション業界の姿も変えようとしている。

「私は主人のやって来たことをそのまま続けているだけだから、そんな変化にはとてもついていけないの。だから買ってくれるっていう人がいるだけでもありがたいと思ってね」

ファッション業界に新しいＩＴ技術を積極的に導入することで、生産性の向上や製品・サービスをより価値の高いものにしようとする取り組みのことを、金融におけるフィンテックと同じように、Fashion（ファッション）とTechnology（テクノロジー）を合わせて**ファッションテック（FashionTech）**と呼ぶ。それまで手作業で行っていた針のピッチ調整などを自動で行うデジタル化されたミシンを導入したり、ＩｏＴにより作業者ごとのミシンの稼働状況をデータとして〝見える化〟したりすることで、作業や工程の改善につなげている。

「最新の工場はすごいのよ。私たちが今まで手作業で長い時間かけて習得してきた技術を、機械が自動であっという間にやっちゃうの」

「ああ、もうすぐオートクチュールもマスカスタマイゼーションになるって話でしたね」

すでに頭を切り替えた様子の沖川原が話に戻ってきた。

「最近、ファッション業界も環境に優しいとか、持続可能性とか言われるようになったでしょ。今までとは違った観点で商売をしないといけなくなってきた気がするんだけど、そうなるとイチからまたやり直すことになるから……。だったらもう潮時（しおどき）かなあと思ったの」

一点もののオーダーメイド服のことをオートクチュールと呼ぶが、これを大量生産ものの既製服と同じ効率で生産しようとする**マスカスタマイゼーション**がすでにファッション業界では起きている。注文、設計から生産までを３Ｄスキャナー、オートパターンメイキング、そしてデジタルミシンなど新しいＩｏＴ技術により自動化して生産効率を上げているのだ。ZOZOTOWNオリジナルブランドのジーンズやシャツなどもこれに当たる。

工場をスマートファクトリー化し、マスカスタマイゼーションを実現すると、在庫を持つ必要がなくなるため、**衣服ロス**と呼ばれる大量廃棄もなくなるのだ。従来の大量生産大量販売を前提としたファストファッションは、大量の売れ残りを生んでいる。２０１７年には日本だけで28億点が作られ、そのうちの半分14億点が売れ残り焼却処分されている。

年金と消費税

「私なんかもうとてもついていけないわ。若い人に任せます」

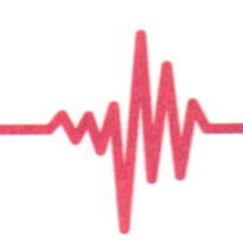

「うん、いいかもね。お義母さんも悠々自適にご隠居するいいチャンスですよね？」

気持ちが落ち着いた沖川原が優しい声で言った。本心だろう。

「工場の売却代金はほとんど借入金の返済でなくなってしまうけどね」

「大丈夫、僕からの返済もありますから！」

お金を借りにきたことなどつゆほども出さず、沖川原が殊勝なことを言う。

「アハハ、あのお金は捨てたつもりだから。でも年金があるからなんとかなるわよ。で、そちらのお嬢さんは今おいくつ？」

今度は美令に話しかけてきた。

「23才になります」

「国民年金の保険料は払っているの？」

「年金ですか？　一度も払ったことないです。アルバイト生活しかしたことないので」

「それはもったいないんじゃない？」


国が運営する年金制度は、大きく2種類ある。

1つは、20才以上の人がすべて対象になる**基礎年金（国民年金）**。もう1つは、会社員の人が入る**厚生年金**である。この2つをあわせて**公的年金**という。公的年金は二階建てとなっており、企業に勤める会社員であれば厚生年金に自動的に加入することになる。

「あなた、モノを買うとき、消費税払っているでしょう」

「はい。払っていうか、消費税は国民年金の保険料と違って強制的に取られてしまうので」

「その消費税は、年金給付の財源になっているのよ。国民年金を払っていないと、消費税で取られた税金は取り返せないわよ」

少子高齢化が進んだ日本では、基礎年金の給付は集めた保険料だけでは足りないため、給付額の1／2を税金で賄(まかな)っている。これを**国庫負担**という。そして消費税は、社会保障4経費(年金、医療、介護、子ども・子育て支援)に使われることが法律で定められている(消費税法1条2項)。

つまり普段モノを買って支払っている消費税は、年金給付のための財源となっており、国民年金を受け取ることがなければ消費税は払いっぱなしとなり、取り返すことができないのだ。北欧諸国は消費税(VAT)率が高く、スウェーデンとノルウェーは25％、フィンランドも24％ある。今後日本も北欧のように上がっていくのであれば、なおさら

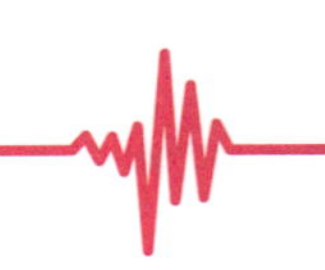

払いっぱなしはもったいないことになる。消費税は年金や医療・子育てで自分に戻ってくる『未来の収入』なのだ。

「でも国民年金って、受給年齢が上がったり、額が減ったりして私たちの世代は恩恵を受けられないって、みんな思ってますよ」
「年金もちゃんと健康診断をしているから、当分は問題ないわよ。年金額は現役サラリーマン世代の50％は確保されているの」

公的年金制度は**１００年持続できる制度**となるよう設計されており、最低でも５年に一度その実情を検証することが法律で義務づけられている。これを**財政検証**という。現在は、将来にわたって給付額が現役サラリーマン世代の50％となることも義務づけており、２０１４年に行われた財政検証でも、２０４３年に65才になった人は、現役サラリーマン世代の50％以上のお金がもらえるという試算結果となっている。この年金を受け取り始める65才における年金額と現役世代の手取り収入額との割合のことを**所得代替率**（だいたいりつ）という。

「ふーん、年金の健康診断があるなんて、知らなかった」
実感の湧かない様子の美令に、さらに直子の母親が問いかけた。
「最近の若い人って、年金のこと何も知らないわよね。余った保険料が運用されていることは知っているの？」

公的年金は、自分が払った保険料を運用してそれが将来支払われるものではなく、集めた保険料をその年の年金支払に充てている。これを**賦課方式**（ふか）という。ただし、すべてが年金に給付されるわけではなく一部は将来のために積み立てられている。これを**年金積立金**という。この年金積立金は、独立行政法人である**年金積立金管理運用独立行政法人（GPIF ― Government Pension Investment Fund）**（ガバメント ペンション インベストメント ファンド）が株式や債券で運用している。なお、**独立行政法人**とは、政府の事業のうち、独立して運用した方が効率的だと考えられる部門を分離して法人化したものをいう。GPIFの運用資産は、2018年12月末で約150兆円と、世界でも最大規模の年金運用機関となっている。

GPIFはその資産の50％ほどを株式、残りの50％を国債などの債券で運用しており、運用実績は、2018年10月〜12月の3カ月間で△9・1％と15兆円の赤字となっているが、2001年の運用開始から通算すると＋2・7％で57兆円の黒字である。

「15兆円の赤字だったのはニュースで見たかも。せっかくの年金資産が少なくなってしまったら、大変ですよね」

「赤字の額ばかり大きく報道されてるわよね。でも、そもそもGPIFって長期運用を前提としたものだから、短期的な損益ばかりを大げさに捉えるのもどうかと思うけどね。長期で見ればプラスなんだし」

運用損益の額には、まだ売却していない株式の評価の額が含まれている。個人の株式投資の場合は売却して初めて益や損が計上されるが、GPIFのような法人は、売却せずにまだ保有している株式について、買ったときの株価と各四半期末（3カ月毎）時点の株価の差額である評価損益を含めなければならない。このため、株価の動きにより短期的な損益は大きくぶれることにもなる。

GPIF2018年12月末現在運用資産内訳

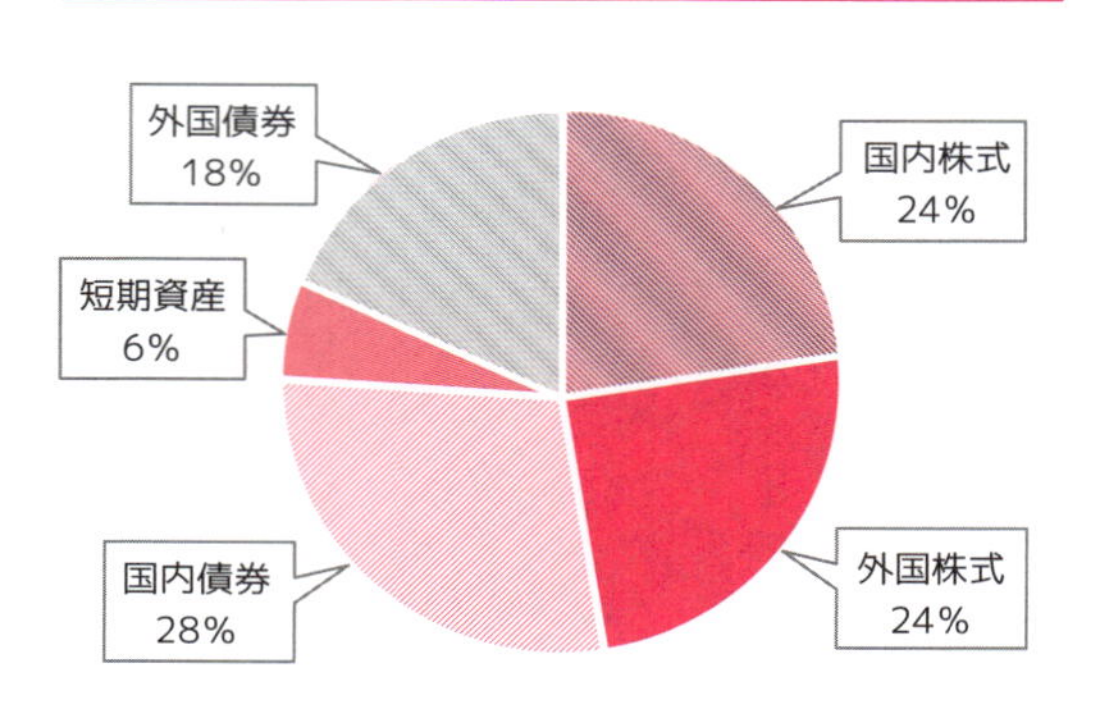

出典：「2018年度第3四半期運用状況（速報）」GPIF

運用損益の動き

2018年4月～6月	＋3兆円（＋1.7%）
2018年7月～9月	＋5兆円（＋3.4%）
2018年10月～12月	△15兆円（△9.1%）
2001年～ 累積	＋57兆円（＋2.7%）

出典：「2018年度第3四半期運用状況（速報）」GPIF

工場買収の仲介者が来たため、直子の母親が出ていった。

「増資のこと、言わなくて大丈夫なんですか？」

「さすがにあの状況で言い出せないよ。仕方がないから大学の仲間に相談してみるよ。明日に勝負をかけよう」

翌日は会社経営をしているという沖川原の大学時代の親友に会いにいくことになり、横浜駅で待ち合わせる約束をした。直子の実家に泊まるという沖川原と別れて美令は一人で都内に戻り、ホテルをとった。


ホテルに向かう電車の中で、美令はシュトゥットガルトでケンタと行ったベンツの工場見学を思い出していた。その後、タクミを誘って3人でご飯を食べたときにP:steの今後について話したことも。

ほんの数日前のことなのに、どうしようもない懐かしさに襲われた。

(また、戻れるのかな……。あの場所に)

そんなことを想う自分が美令はとても不思議だった。想像以上にP:steの存在が自分の中で大きくなっていたのだ。自分勝手でバラバラな、あの人たちが懐かしくてたまらない。彼らの曲が聴きたくてたまらない。

ライブが始まるまでの超バタバタの時間、オープニングの瞬間のヒリヒリするような高揚感。それから終了後の心地よい達成感。またあの場所に戻りたい。

(ああ、景子さんにも会いたい……)

明日こそ、決めなくては。沖川原の友人が頼みの綱だ。

それにしても、金策の失敗というのがこんなにも心を折るとは知らなかった。

美令はもどかしかった。守りたいものがあるのに、何の策もない自分の無力さ、無知さが。

美令は一時帰国していることを、家族に連絡していない。今のままではまだ会えない気がしたのだ。

(もっと力が欲しい。いいえ、せめて知識が欲しい)

いっぱい勉強してもっと経験を重ねよう。大切な人たちの役に立つために。そして自分に誇りを持つために。

マサルの意外な焦燥

美令がひそやかに決意を固めていた頃、P:steのメンバーとマネージャーの景子は、コートジボワール最大の都市であるアビジャンの小さなホテルで待機していた。

フィンランドでのライブが中止になり、今後の予定も怪しくなってきた。練習をする環境もない。治安も決してよいとはいえず、みんなこれまでのように好き勝手に出かけることもない。フラストレーションが爆発しそうな条件はすべて揃っているのに、やけに静かだ。

(それだけ、リアルな危機感があるってことか)

マサルは、ゲームの手をとめて、生温い風を顔で受け止めた。

場合によっては、ツアーが中止になるかもしれない。どんなにチケットが売れて、先の収益が見込めても、今をしのぐ金がなければ前に進めない。倒産する中小企業と同じパターンだ。ツアーの中止はそのままP:steの終焉を意味するかもしれない。その好ましくない事態が急に現実味を帯びてきたいま、マサルは、自分の中に生じている強い思いにとまどっていた。それは、これまでの自分にはなかった初めてこみあげてくる感情だった。

――P:ste をやめたくない。

(どうしたっていうんだ……)

もとよりマサルにとって P:ste は、ゲーム会社を起こすための足がかりでしかなかった。コツコツ給料を貯めるのではなく、音楽市場でまとまった金を手に入れ、それを運用し、資本金を作る。だから、冷めているだの、ノリが悪いだの言われても知ったことではなかった。とりあえずバンドにおける自分の役割……つまり、ベースを弾くことだけは最高のパフォーマンスを発揮して、他は自分の世界にいればよかった……はずだった。

だが今、P:ste が消滅するかもしれないという事実に大きく打ちのめされている。金の問題じゃない。

マサルはロビーのソファに座っている3人に目を向けた。

めずらしく静かに本を読んでいるサクラ。

ヘッドフォンをつけたまま目を閉じて動かないタクミ。

ちびちびと無言でビールを飲み続けているケンタ。

（こいつらと音楽を続けたい、せめてもう少し）

マサルは、改めて自分の思いを確認した。


「ああ、みんな、ここにいたの？」

ドタバタと音を立てながら景子が現れた。すぐさま4人を見てプっと吹き出す。

「何がおかしいんだよ」

サクラが不満げに言うと、景子は真顔に戻って言った。

「ふだんバラバラなくせに、なんで昼間からみんなここに集まっているのかなあって。自分たちの部屋もあるのに」

「何が言いたい」

今度はケンタが口を開いた。

景子はもう一度笑った。今度は穏やかな笑みだ。

「みんな、やっぱり不安なんだなって思ったの。だって、みんなP:steのことを大切に思ってるってことでしょ？そう思ったら、なんかうれしくなったの」

そういう景子の腕や首には、いつものジャラジャラした派手なアクセサリーがひとつもなかった。

対外直接投資

横浜で沖川原と落ち合った美令は、待ち合わせ場所のホテルニューグランドへ向かった。ラウンジで待っていると、冬だというのに真っ黒に日焼けした紫のスーツ姿の男が現れた。沖川原の大学時代の友人、阿川(あがわ)だ。

「久しぶりだな沖川原。おまえ確かP:steの世界ツアー中じゃなかったのか」

沖川原は、P:ste世界ツアーは各地で一定の評価を得ていること、チケットのシステムトラブルでフィンランドの公演がキャンセルになったこと、そのため資金繰りが危なくなり急遽(きゅうきょ)借入をしたいことなどを一気に話すと、最後に「俺はさ、このP:steに人生を賭(か)けてんのよ」と真顔になった。

「人生ねえ……。うらやましいよ、おまえが」

「この美令ちゃんも含めて、みんなP:steは絶対成功すると信じている。P:steは俺の人生そのものだ。だから必ず成功させる。支援してくれないか、頼む」

沖川原はテーブルにぶつかりそうになるまで頭を下げた。

今日はキャラ設定なしの真っ向勝負のようだ。

頭を下げる沖川原を見つめていた阿川は、ふっと微笑み、

「俺もおまえみたいに、人生を賭(か)ける何かが欲しいとずっと思っていた。お金を貸すのではなく、出資なら検討しよう」

と言った。

「うちの会社に出資してくれるのか！」

阿川の言葉に沖川原は勢いよく頭を上げて言った。

「ありがたい。持分は何％が希望だ？」

出資とは、会社に資本を提供することであり、会社は借入金と異なり返済する必要がない。株式会社に出資した人は、**株主**と言われ、会社のオーナー、つまり所有者となる。株主には会社に対する一定の権利を表す株式が発行される。一定の権利とは、配当をもらう権利や株主総会に参加できる権利のことだ。
株式会社における**持分**とは、会社の株式に対して所有している株の割合をいう。たとえば１００株の株式を発行している会社の10株を持っていれば、その株主の持分は10％となる。この場合、1株いくらで出資したかは関係がない。あくまで株式の数で持分割合が決まる。

株主は、直接経営は行わない。経営を行うのは株主から委任された取締役である。会社を所有しているのは株主だが、会社を経営するのは**取締役**なのだ。これを**所有と経営の分離**という。

「持分なんて気にしないさ。経営には一切口を出さないよ。というか芸能関係はまったくの専門外だから口なんて出せない。おまえに任せるよ」

「助かる！」

「P:ste の長期戦略を聞かせてくれ。それでいくら出すか決める」

阿川は、株式投資で大資産を作り上げた男だ。朝9時からの日本市場に始まり、夕方はロンドン市場、夜はアメリカ市場と24時間パソコンにかじりついて短期売買を繰り返している。睡眠は平均2〜3時間のショートスリーパーだ。大学を卒業してからずっとそんな生活を繰り返してきたため、タワーマンションのペントハウスに一人で優雅に暮らしている。

「P:ste は海外を中心に活動していこうと思ってる。だから、まずはシンガポールかマレーシアに子会社を作るつもりなんだ」

「海外で活動か。それはいいね。これからは日本じゃない。世界だ！」

「阿川から見ても、日本はもうダメか」

「ああ。日本の企業が海外の会社を買ったりする直接投資は、アメリカに次いで世界で2位なのは知っているか？」

直接投資とは、海外に子会社を作ったり、海外の会社を買収したりする額をいう。日本は世界に直接投資をする額でアメリカに次いで世界第2位だ。

「対外純資産では、20年以上も世界一なんだぜ」

直接投資などで得た海外の資産から、海外から投資されている負債を引いた**対外純資産**では、日本は20年以上連続で世界1位だ。２０１７年度末では日本は３２８兆円、ドイツが2位で２６１兆円、中国が２０５兆円と続く。これに対しイギリスは△40兆円、フランス△62兆円、アメリカにいたっては△８８６兆円と対外負債が対外資産を大きく上回っている。

対外資産の多くは投資信託などのファンドによる株式投資や外国債券への投資だが、近年は海外企業の買収など直接投資も多くなっている。

「海外に資産が多いのは、日本が輝いていた時代の蓄積でもあるわけだからな。日本が

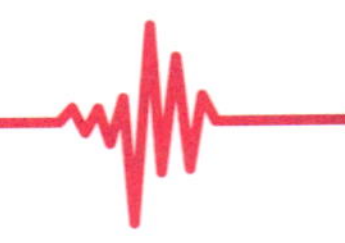

主要国の対外純資産（単位：兆円）

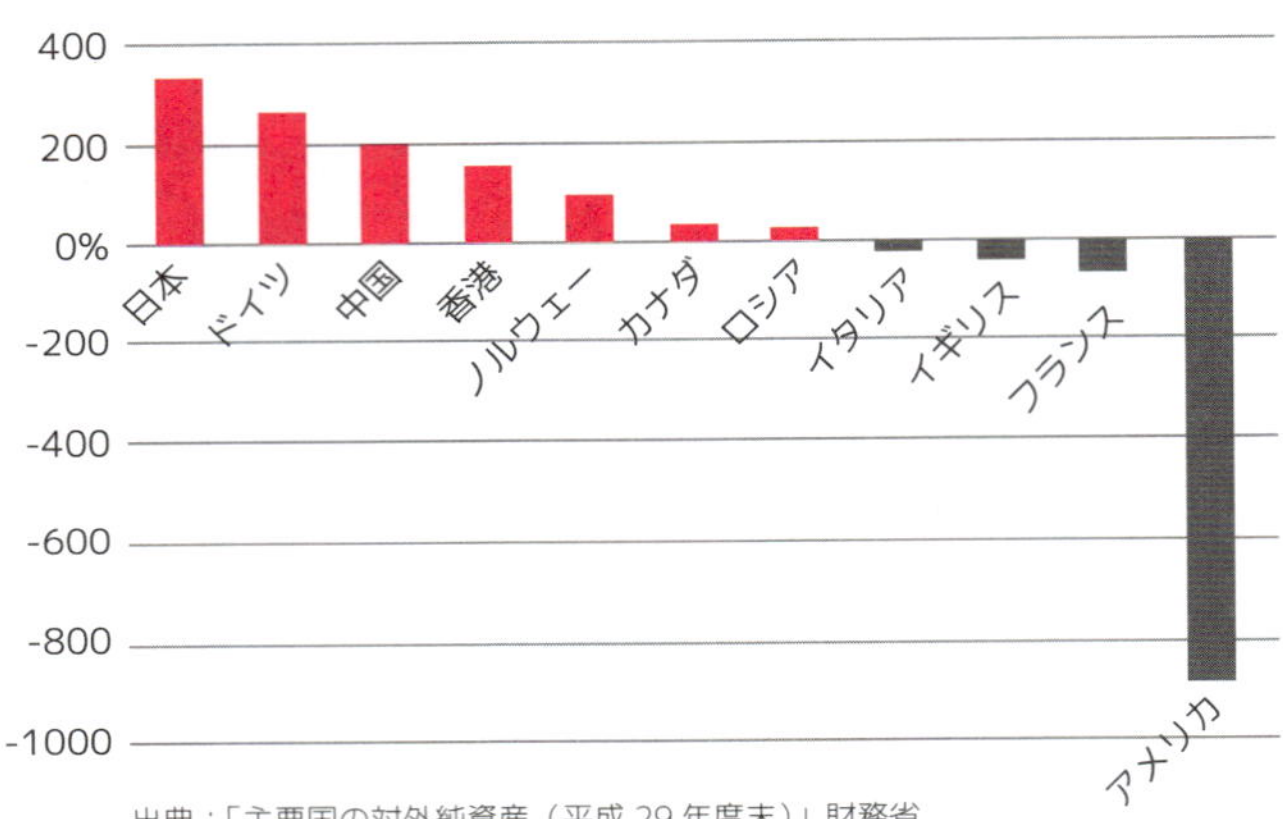

出典：「主要国の対外純資産（平成29年度末）」財務省

世界を所有しているみたいでいい気分だ。だが、P:steが海外を目指すのと同じように、これは日本国内に魅力がない証拠だとも言える」

対外直接投資が増えているということは、国内ではなく海外に投資しようとする人が増えているということであり、日本の経済成長に期待していない表れとも言える。また、海外から日本への投資が少ないことも対外純資産の大きさにつながっており、これは日本に対して投資をする魅力がないと感じている人が多い裏返しともいえる。

２０１７年度１年間の海外からの直接投資額（フロー）では日本は世界の

2017年度1年間の海外からの対内直接投資(フロー)

		米ドル（100万）	円（兆円）
1位	アメリカ	$275,381	30.3兆円
2位	中国	$136,320	15.0兆円
3位	香港	$104,333	11.5兆円
4位	ブラジル	$62,713	6.9兆円
5位	シンガポール	$62,006	6.8兆円
6位	オランダ	$57,957	6.4兆円
7位	フランス	$49,795	5.5兆円
8位	オーストラリア	$46,368	5.1兆円
9位	スイス	$40,986	4.5兆円
10位	インド	$39,916	4.4兆円
……			
	日本	$10,430	1.1兆円

出典：「ジェトロ世界貿易投資報告 2018年版」日本貿易復興機構

トップ10にも入らない。

「だからP:steが海外を目指すのはいいことだと思う。まず海外で成功して、そのノウハウを今度は日本に持ち込むのも面白そうだな」

「ああ、それも考えているさ」

海外からの直接投資は、新しい経営ノウハウや高度な人材が流入するなど、日本の生産性向上にとってメリットが大きいと考えられており、もっと積極的に受け入れるべきだと政府は考えている。日本に進出した外資系企業は、日本国内全体の平均より生産性（全要素生産性）が1・4倍高いという調査もある。

「世界で成功して、凱旋帰国してやる。P:ste はどんどん成長しているんだ。絶対ブレイクさせてやる。よ~し、なんだか燃えてきたぞ。今夜は夜通し飲もうじゃないか！」

結局阿川は、２千万円をオキオフィスに出資してくれることになった。

彼曰く、沖川原の夢への便乗出資だそうだ。

だがそれは方便で、沖川原が語る長期戦略と P:ste の現実的な可能性などを鑑みて「いける」と判断したことは間違いない。投資家は決して夢や理想だけでお金を動かしたりはしない。裏を返せば、P:ste は海外で成功する可能性が高いというプロのお墨付きをいただいたようなものだ。

（やった！）

美令は叫びたくなった。

「早速、景子さんにＬＩＮＥしますね」

「ああ、あとエアの手配も頼む。明日には発ちたいから」

「はい！」

予想以上に高い美令のテンションに、沖川原は圧され気味だった。

「ずいぶんうれしそうだね」

「うれしいに決まってるじゃないですか！　私のこれからがかかっているんですから！」

「ふ〜ん」

美令の中で何が起きているかは分からなかったが、うれしいのは沖川原だって同じだ。

「よっしゃ！　こうなったら何がなんでもP:steをビッグスターにしてみせる！」

ホテルニューグランドの風格あるラウンジで、各々新たな闘志を燃やす伯父と姪だった。

外国人労働者の受け入れ

2019年4月1日、外国人就労者の受け入れを拡大する改正『出入国管理及び難民認定法（入管法）』が施行されました。この改正により、『特定技能』を持つ外国人労働者を受け入れることができるようになりました。

これまでも技能実習という制度があり、この制度により外国人労働者を受け入れていました。しかしこれは日本の技能を開発途上地域の人々に習得してもらうという国際協力が目的の制度です。2017年10月現在でおよそ30万人がこの制度で働いています。このほか、大学教授などの専門的分野で24万人、留学生のアルバイトが30万人など、合計で128万人近くの外国人が就労しています。

これに対し、新しい特定技能という制度は、建設業や宿泊業、自動車整備業など、人手不足が懸念される分野に限って、一定の専門性・技能を有する外国人労働者を真正面から受け入れる制度です。この制度により、新たに5年間で34万人あまりを受け入れることを政府は目標としています。

政府は2023年頃までに145万人以上の人手不足が発生すると推定しており、生産性向上や、働き方改革を始めとした国内人材の確保のための取り組みを行ってもなお、人材を確保することが困難な状況が発生する産業があるとされています。

特定技能制度はこのような状況を乗り切るための制度なのです。

MMTと国債

自国通貨を発行する国であれば、高インフレの懸念がない限り借金が増えても問題ないという**現代金融理論**（ＭＭＴ─Modern Monetary Theory）がアメリカを中心に勢いを増しています。

日本やアメリカのような自国の通貨を発行できる国は、いくらでも通貨を発行できるため、自国通貨建てで国債を発行している限り財政赤字は問題にならないという理論で、将来の米国大統領候補と目されるアレクサンドリア・オカシオコルテスがＭＭＴを支持したことから注目されるようになりました。

実は、国の借金が対ＧＤＰ比率で２００％を超えている日本が、いまだに財政破綻していないことも、一つの裏付けとなっています。

日本はその国債を、中央銀行がたくさん購入している点でも珍しい国です。

日本の法律では、通貨を発行している中央銀行である日本銀行（日銀）が、国から直接国債を購入することは禁止されています（財政法第５条）。これは、中央銀行が国債の引き受けによって政府への資金供与を始めてしまうと、通貨の増発に歯止めがかからなくなることで、悪性のインフレーションを引き起こすおそれがあるためです。しかし、金利調整など、金融市場の調整のために、市場から国債を購入することは認められています。

日銀は２０１８年に、『長期金利について、10年物国債金利がゼロ％程度で推移するよう、長期国債の買入れを行う』としており、『買入れ額については、弾力的な買入れを実施する』としています。

CHAPTER 02

Côte d'Ivoire / コートジボワール編

1人あたり GDP ランキング 150 位

	人口	GDP	1人あたり GDP
2007 年	1,910 万人	2 兆円	12 万円
2017 年	2,430 万人	4 兆円	18 万円

ダイヤモンドの女社長・田嶋

無事に資金を調達した沖川原と美令は、早々にコートジボワールに向かった。

空港に降り立った途端ムッとした空気が押し寄せ、急いでTシャツに着替えた。

ホテルはフランス植民地時代の首都だったというグラン・バッサムの海岸沿いにあるリゾートホテルだ。今回のツアーではシンガポール以来の高級ホテルとなるが、ここはあるスポンサーが用意してくれたものだった。アビジャンで待機していたメンバーたちもすでに到着していた。

美令と景子は抱き合いながら数日ぶりの再会を喜んだ。

部屋に入って荷物を置くと、一息入れる間もなくスポンサーから連絡が入り、すぐに海岸沿いのスタンドバーにメンバー全員で来てくれという要請があった。


アフリカ、特にコートジボワールなど西アフリカは、植民地時代の名残でフランス語が公用語の国が多い。ホテルの受付でさえも英語が通じないことがあるため、コミュニケーションには苦労する。

わらぶきの屋根が涼し気なスタンドバーに入ると、サクラと沖川原は真っ赤なクロスが敷かれたテーブル席に座り、タクミはスタンドの一番端に、マサルは逆の端、ケンタは中央に座った。美令と景子はサクラたちの隣のテーブル席に座る。

「P:ste の、こういうバラバラな感じも懐かしいなあ」

しみじみつぶやく美令に景子は頷きながら、

「でも、ちょっと変わったと思わない？」

と、返した。

「え？」

と、美令が聞き返したとき、「おまたせー！」と、原色のワンピースを着た女性がやってきた。美令の母より少し下くらいに見えるが実際は分からない。ただ、入ってきただけで場の空気が華やぐような、圧倒的な存在感がある。

「ようこそコートジボワールへ。みなさんをお呼びした田嶋です」

コートジボワールでのライブのスポンサー、田嶋だった。

「あら、なんでみんなバラバラに座ってるの？　さあ、テーブルをくっつけるから、みんなこっちに集まって」

田嶋はいくつかのテーブルを移動させながら、メンバーに集まるよう手招きした。

「みなさん、何飲む？　わたくしが注文してきますわ」

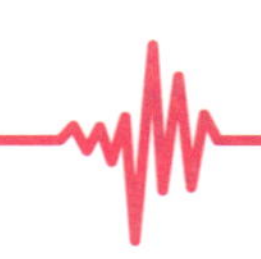

慌てて沖川原が腰を上げて田嶋を制した。

「いやいや、マダム、私が注文してきますよ」

「いいのよ、いいのよ。わたくしが皆さんを招待したんですから。それにここはフランス語のほうが通じやすいの」

田嶋はみんなから注文を聞くと、バーの奥にいる店員に流暢（りゅうちょう）なフランス語で注文を告げた。そしてスマホを取り出し、端末にかざした。ＱＲコード決済のようだ。

「やあ、驚きました。アフリカでもＱＲコード決済ができるんですね」

沖川原は大げさに驚いてみせた。

「アフリカを馬鹿にしてはダメよ。モバイル決済は日本より進んでいるかもしれないわよ」

飲み物が運ばれてきたので、みんなで乾杯をした。

「わたくしは一年の大半をコートジボワールで過ごしているんだけど、YouTube であなたたちの動画を見て一瞬で好きになってしまったのよ。日本にもこんな革新的なバンドがあるなんて頼もしいわ。特にタクミ、あなたの詞は素晴らしいわ」

「ありがとうございます」

P:steの詞は大半は英語で、サビだけ日本語という形式のものが多い。サクラの英語力がネイティブ並みであることと、シェークスピアを愛するタクミの英文力が並外れていることから自然とそうなった。

「わたくしの自己紹介がまだだったわね。ええと、これを見て」

と、田嶋は右手を前に出して、中指にはめている指輪をみんなに見せた。

「2・5カラットのピンクダイヤモンドよ。このクラスのものはなかなかないの。素晴らしいでしょう」

本物のダイヤモンドを買ったことがない美令にはそれがどれくらい高価なものなのか見当がつかなかったが、輝きはたしかに魅力的だった。ブランドもの好きの景子でさえ、価値の見当もつかない様子だ。

「これがわたくしのお仕事なの。ダイヤモンド関連の会社をコートジボワールで営んでおります。本社はフランスですけれど、わたくしは仕入先との交渉のためにほぼコートジボワールにいるの」

ダイヤモンドの産出国はアフリカに集中している。

「無理矢理アフリカまで来させてごめんなさいね。世界ツアーをやると聞いて、いても

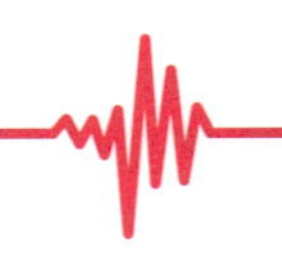

立ってもいられなくてね。わたくしがP:steに会いたかったのもあるけど、世界のバンドとして飛躍するためにも、一度アフリカを見てもらいたいと思ったのよ」

もともと沖川原が立てたツアー計画ではコートジボワールは入っていなかった。それが世界ツアーを発表した後に田嶋がスポンサーとして名乗りを上げ、アフリカ公演への強いオファーを受けたことから無理矢理日程に押し込んだため、フィンランドの発券トラブルにつながってしまった。

「アフリカはこれから人口爆発の時を迎えるのよ。2050年までには今の倍になるわ。これからは**アフリカの時代**なの」

人口爆発とアフリカの時代

少子高齢化で人口が減っていく日本に対して、世界の人口は2017年の76億人から大きく増加し、2050年には98億人になると推定されている。インド・ナイジェリア・コンゴ民主共和国・パキスタン・エチオピア・タンザニア・アメリカ・ウガンダ・インドネシアの9カ国の人口増加が主な原因だといわれている。

特にアフリカでは、2017年から2050年の間に人口が少なくとも2倍になると推測されており、**人口爆発**の時代に突入する。

「それじゃあ、アフリカは人口ボーナスがこれからもあるんですね」

インドネシアでマサルから聞いた話を美令はふと思い出して口にした。

田嶋は、美令のことをいま気づいたというように見つめ、笑顔になった。

「あら、人口ボーナスなんていう言葉、よく知ってるわね。勉強してきたの？」

「前に耳にしたことがあって……」

マサルをちらっと見ながら美令が答える。

「そう。アフリカは21世紀後半まで、働く世代が増えていく人口ボーナスが続くといわれているわ。人口ボーナスが続くということは、経済成長が続くということだし、音楽も盛んになるわよ。だからP:steもフランス語の歌詞で曲を作っておくといいかもしれないわね」

現在、フランス語を話す人口はおよそ1・3億人と推定されており、マレー・インドネシア語の1・8億人より少ない。しかしこれがアフリカの人口爆発により大きく変わる可能性がある。アフリカ諸国は植民地時代の流れでフランス語を公用語としている国

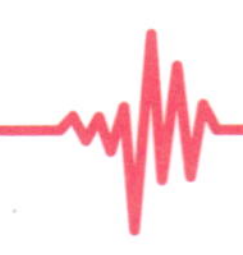

が多いからだ。コートジボワールでも２０５０年には人口が５千万人を超え、２１００年には１億人を突破して日本と逆転する。同じアフリカのフランス語圏であるニジェールは、２０１７年の２千万人が２０５０年には７千万人、２１００年には１億９千万人と10倍になる。

アフリカの人口爆発により、フランス語を話す人口が中国語に並ぶとも言われており、フランス語の重要性が増すと予想されている。

「どう？　タクミ。フランス語で書いてみない？　アフリカの時代は、フランス語の時代でもあるの」

「それは面白そうですね。考えてみます」

それから二人は構造が美しいとされるフランス語の特徴などについて、しばらく楽しそうに話していた。

「マダム！」

大きな声がして、地元の人間と思われる男性が店に入ってきた。田嶋に用があるようだ。

田嶋は立ち上がって男性を店の隅まで招（まね）くと、フランス語で何か話し始めた。二人の表情から深刻な話のようだが、言葉が優雅なためか緊迫感がなかった。

（フランス語っていいな……）

田嶋がバッグから電話を取り出しどこかへかけるのを見届けると、男性は立ち去った。

席に戻ると田嶋は、「ごめんなさいね」と体を椅子に落とした。

「午前中のダイヤの取引で、決済金額が少し足りなかったのよ。でも今日は日曜日で銀行が開いていないから明日まで待ってもらうことで一度は話がついたんだけど、やっぱり今すぐ欲しいって言ってきたらしくて。あ、さっきの男性はうちのスタッフなの。だから今、フランス本社に電話して送金してくれって頼んだところ」

「でもフランスからの海外送金には時間がかかるのではないでしょうか。最短でも2、3日はかかると聞いていますよ」

タクミの言う通り、銀行による海外送金には時間も高額な手数料もかかる。

「銀行じゃなくてOrange Money（オレンジマネー）というモバイル送金サービスを使うの。ここでは銀行口座を持っていない人でも、モバイル送金サービスを利用することができるのよ」

「それって、リープフロッグですね！」

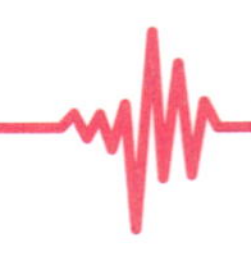

美令が満面の笑顔で声を上げる。

これもインドネシアでマサルから聞いたことだ。新興国で固定電話がないのにスマホが普及したように、技術が途中の段階を通り越して最先端の段階へ到達するというのがリープフロッグ現象だ。

それを受け、田嶋が頷(うなず)く。

「そう、まさにリープフロッグよ。コートジボワールはフランス系の Orange Money が普及しているわ。銀行よりもこのモバイル送金サービスを利用する人のほうが多いくらいね。フランス本社から私のスマホへの送金はあっという間よ。ほら」

田嶋のスマホにショートメールが送られてきた。これが着金の確認メールだろうか。

「Orange Money はフランスの会社のサービスだけど、ケニアには M-PESA(エムペサ) というケニア発のモバイル送金サービスもあるのよ」

ショートメールを見せてもらいながら、サクラの表情が沈んだ。

「日本がどんどん置いていかれてる!」

東アフリカのケニアでは、モバイル送金サービスとして〝M-PESA〟が普及している。Pesa(ペサ) とは、スワヒリ語でお金という意味だ。日本で言えば LINE Pay(ラインペイ) のようなもので、現金を代理店に持ち込んでチャージすることで使え、銀行口座を持たない人でも携帯電話で送金・決済ができる。2007年に始まったこのサービスは、2015年には登録者数が2400万人と全人口5000万人のおよそ半分となり、代理店は10万店舗を超え、利用額は月2000億円にも上る。

世界には本人確認の問題や口座維持手数料がかかるなどの理由で銀行口座を持たない人も多く、アフリカでは銀行口座の開設率が20%未満の国が多い。これに対して日本の成人(15才以上)の口座開設率は97%、アメリカは94%となっている。

恐る恐る美令が手を挙げた。

「あの、これってフィンテックがアフリカでは浸透しているってことですか?」

「その通りよ。アフリカでは人口爆発だけでなく、フィンテック企業がどんどん立ち上がっているの」

世界には2014年現在で255のモバイル決済サービスが存在しているが、その約半数がサハラ砂漠より南のサブサハラアフリカに集中している。

イギリスや日本のフィンテックは銀行のアンバンドル化が伴っているが、アフリカにはそもそもアンバンドルする銀行システムの基盤がない。モバイル金融サービスが銀行

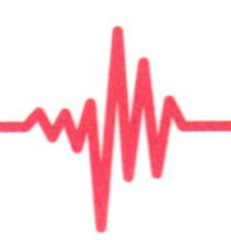

アフリカ主要国におけるフィンテック事例

ガーナ	Zeepay（モバイル金融）、OzinboPay（モバイル決算）
ナイジェリア	Interswitch（電子決済）、Paga（モバイル金融）、Lidya（モバイル金融）、Aella Credit（モバイル小口融資）
南アフリカ共和国	Emerge Mobile（携帯端末を利用したカード決済）、Rain Fin（資金調達マッチング）、Wallettec（モバイル金融）、WizzPass（携帯を使った駐車料金決済システム）
ケニア	M-PESA（モバイル資金決済）、iNuka Pap（モバイル小口融資・保険）、4G Capital（モバイル金融）、Shield Finance（給料を担保としたモバイル融資）
ウガンダ	Yo! Payments（モバイル資金決済）
タンザニア	Jamii（モバイル小口保険）

出典：「アフリカ　フィンテックが未来を変える」独立行政法人日本貿易振興機構

よりも先に普及している。

「そういうのを聞くと、アフリカの時代がもうすぐそこに来ている気がしますね」

マレーシアで久田社長から聞いた「アジアの世紀」と、この「アフリカの時代」。

どちらも自分が日本で体験してきた生活とはかけ離れており、今までなら興味も持てなかっただろう。だがこうしてコートジボワールのバーで実際に目の当たりにすると、なぜかワクワクする感覚が湧き上がってくる。このはやる気持ちは何なのだろうか。

「その通りよ。アフリカの時代はもうすぐそこよ。だから私はこの大陸に自分の人生を賭けているの」

そう言うと、田嶋は2・5カラットのダイヤモンドをはめた指を高く掲げた。

(自分の人生……)

ここにもまた、自分の人生を賭けるほどの何かを持っている人がいると、美令は思った。

「マダムの人生は波乱に富んでいるからね。経済人の中では有名なサクセスストーリーなんだよ」

沖川原は田嶋のことをよく知っているようだ。

エシカル・ダイヤモンドとトレーサビリティ

田嶋の指に光るダイヤモンドが太陽の光を反射してタクミの顔を照らした。

タクミが真顔で田嶋に尋ねる。

「そのダイヤはエシカルですか」

エシカルとは、倫理的とか道徳的とかという意味だ。

「あらやだ。最近のスターさんは、そうやってエシカルを気取るのよね。もちろん、このダイヤは正真正銘エシカルよ」

「これは、失礼しました」

「コートジボワールでも紛争ダイヤが多く出回っていたわ。でもだからこそわたくしはここで、エシカル・ダイヤモンドの事業をしたかったの」

アフリカの一部では、ダイヤモンドの採掘権を巡って紛争が起きた歴史がある。また、内戦の資金源にするために地元の住民や子供たちに強制労働をさせて採掘したダイヤモンドもある。このようなダイヤモンドのことを**紛争ダイヤ**とか**ブラッド・ダイヤモンド**（血のダイヤ）と呼ぶ。これに対し、そのような違法で非倫理的な採掘方法で生産されたものではないダイヤモンドのことをエシカル・ダイヤモンドと呼ぶ。

そこへ、さっきのスタッフの男が戻ってきた。田嶋は、スマホを男に見せた。男も携帯を取り出し確認すると、笑顔でハイタッチをして帰っていった。決済が無事に済んだらしい。

田嶋が席に着くと、景子が指を見つめてうっとりと言った。

「これって、もしかして億単位のお値段だったりします？」

「仕入値だとそこまではいかないけど、まあ、近いわね」

「はあ……。偽物なら手に入れられるかなあ」

景子がつぶやくと、田嶋は笑って答えた。

「最近は合成ダイヤも素晴らしいの。専門家でも見分けられないほどよ。私の会社でも合成ダイヤを扱っているわ」

「まさか、それ。偽物なんてこと、ないですよね？」

「おい、おい、景子ちゃん！」

沖川原が慌てて景子をたしなめようとしたが、田嶋は気にした様子もない。それどこ

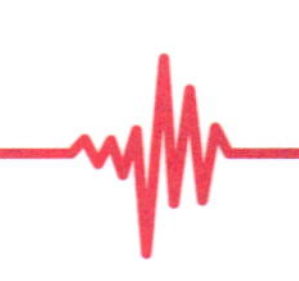

ろか、指輪を外して景子に渡した。
「わあ、は、はめてみてもいいですか」
「もちろん、いいわよ」

合成ダイヤはガラス玉の偽物とは異なり、別名ラボ・グロウン・ダイヤモンド(Lab-Grown Diamond)と呼ばれ、天然ダイヤモンドとまったく同じ純粋な炭素のみでできている。ラボ(研究所)で生み出されたか、天然なのかの違いしかなく、フグで言えば天然物か養殖物かの違いだ。どちらもフグであることには違いがない。研究所で生成されるダイヤモンドには紛争ダイヤのような強制労働がないため、合成ダイヤもエシカル・ダイヤモンドと呼ばれる。

「これは正真正銘、天然ダイヤモンドよ。しかもエシカルのね。うちの会社はトレーサビリティを管理するシステム開発にも関わっているの」

トレーサビリティとは、追跡可能性のことで、物品の原材料がどこで獲れ、どこで加工され、どのような流通で消費者まで運ばれてきたかを追跡することだ。

「天然ダイヤモンドには一つとして同じものはないの。たとえば中に含まれている異物、インクルージョンというんだけど、インクルージョンにはそれぞれ特徴があるのよ」

一つひとつのダイヤモンドに固有のＩＤを付与し、流通・加工過程すべてにおいて管理するシステムが、ダイヤモンド大手のデビアス社などが中心となりすでに開発されている。『Tracr』というこのシステムによって、紛争ダイヤの流入を防ぐことができると期待されている。

「そのトレーサビリティって、どうやって確保しているんですか？」

景子は指にはめたダイヤモンドの角度を変えながら鑑定するかのように中を覗（のぞ）きこもうとしている。

「ブロックチェーンよ。ブロックチェーンの技術を使ったシステムを開発したの」

「ブロックチェーン？　どうしてここにブロックチェーンが関わるんですか？」

「あら、ブロックチェーンの知識もあるのね。じゃあ思い出して。ブロックチェーンの情報はどうなっている？」

分散型台帳技術であるブロックチェーンは、あるものがどこからどこへ移動したかの記録簿だ。情報がチェーン状につながっているため、出入の経路が明確に分かる仕組みになっている。しかもその台帳は、ネットワークの参加者ならば誰でも確認することができる。

「つまり、ブロックチェーンはトレーサビリティに優れているのよ」

情報には必ず入金と出金（受入と出庫）が記載されているため、これをダイヤモンドに応用すれば、今景子がはめているダイヤがどのような経路でどこから送られてきたものか、すぐに分かる。

ブロックチェーンの特徴をまとめるとこうなる。

①情報は完全で、しかも改ざん不可能
②トラストレス
③トレーサビリティに優れている

「こんなところにもブロックチェーン……。経済って、いろんなところにつながっているのね」

美令の頭の中で雑多に散らばっていた点と点がつながってきていた。

美令は少し悩んだ末、田嶋を夕食に誘ってみた。もう少しだけ田嶋のことを知りたかったのだ。これまで歩んできた道のりや経験したことなども聞いてみたかった。もちろん、そんなことは簡単に教えてもらえないかもしれないが、田嶋と話すだけで、大きなパワーをもらえる気がした。

美令の誘いに、田嶋は喜んで応じてくれた。

「うれしいわ。わたくし、向上心のある女の子、大好きなの！」

「私も、私も！」と言う景子も誘い、その夜は女性３人でディナーのテーブルを囲んだ。これまでにない熱くて楽しい、エシカル・ダイヤモンドに等しい価値のある夜となった。

アフリカの時代とモノカルチャー

アフリカは人口爆発だけではなく、その資源でも注目されています。

ダイヤモンドの生産量上位をコンゴ民主共和国、ボツワナ、ジンバブエ、アンゴラといったアフリカ諸国が占めているのに加え、プラチナの生産量は世界の70％以上を占めています。

さらにコバルト、クロム、マンガンといったレアメタル（希少金属）も豊富であり、アフリカは資源の宝庫ともいえます。コバルトの生産量は世界の60％を占め、クロムやマンガンも世界の40％以上を占めています。

レアメタルは電子材料や精密加工機、バッテリーなどこれからの工業製品に欠かせないものであり、日本の自動車産業、エレクトロニクス産業にとってもアフリカの資源は魅力的なものです。

アフリカの鉱物以外の産業といえば、農業になります。ヨーロッパ諸国による植民地時代から綿花、コーヒー、カカオなどが盛んですが、いずれも輸出用が大半を占めています。アフリカの経済は、農作物、鉱物という一次産業の輸出により成り立っているといえます。

しかしこのような特定な産業に頼った経済がアフリカの弱点でもあります。特定の産業に偏った経済のことを**モノカルチャー（Monoculture）経済**といいますが、アフリカなど発展途上国の多くにみられる経済構造で、特定の品目の価格変動で収入が大きく変動し、経済状態が大きく変わるという欠点があります。

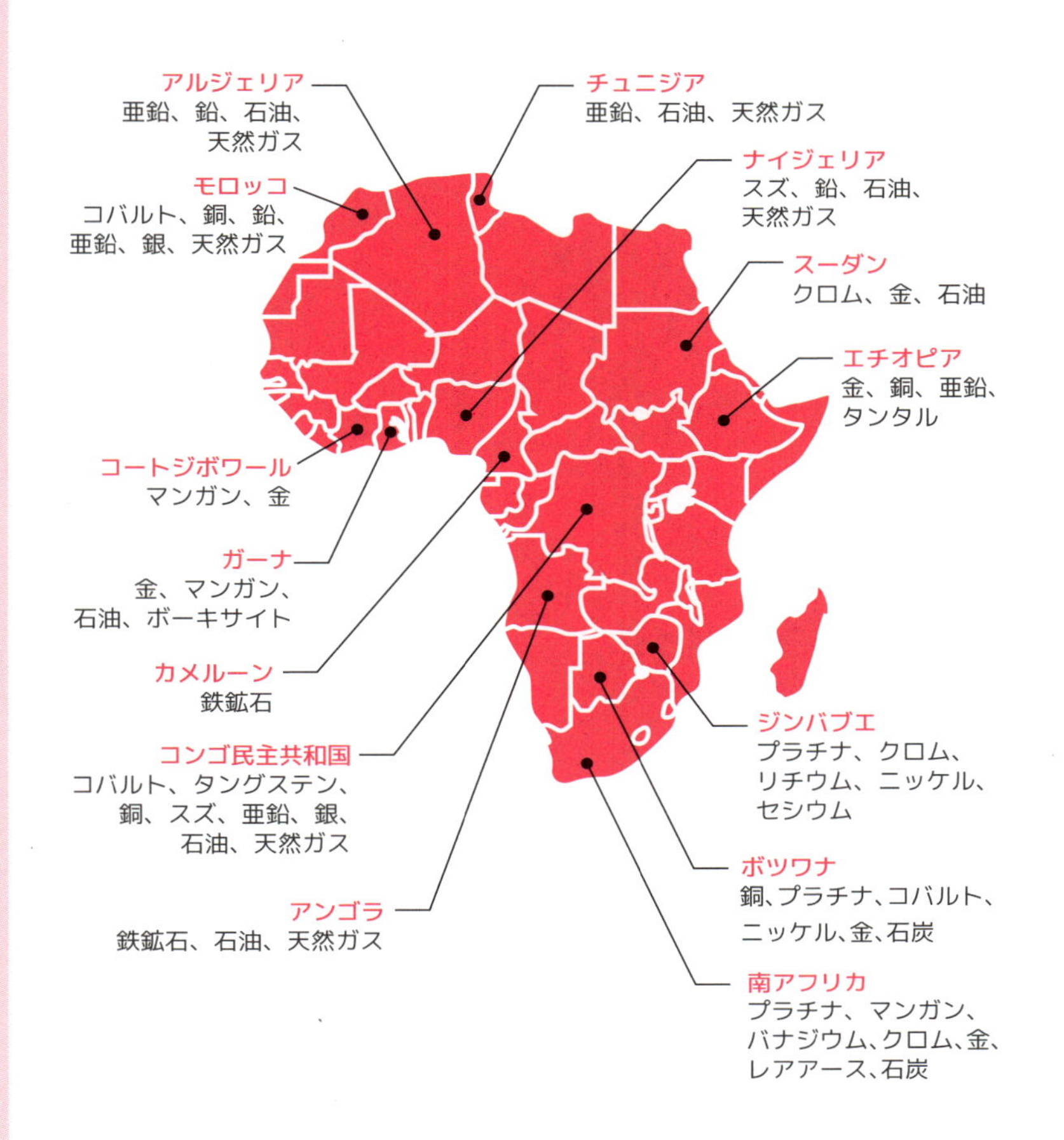

出所：「アフリカの鉱山資源の重要性と我が国の取り組み」経済産業省より編集者作成

CHAPTER

NORWAY / ノルウェー編

1人あたり GDP ランキング4位

	人口	GDP	1人あたり GDP
2007年	470万人	44兆円	934万円
2017年	530万人	44兆円	829万円

ノルウェージャンフォレストキャット

コートジボワールでのライブは、そこそこの盛り上がりを見せて終わった。知名度や音楽の土壌を考えれば、「そこそこ」というのは成功といっていいのだろう。

オーディエンスの反応はともかく、フィンランドでのライブが中止になって以来、約10日ぶりに音を合わせた4人だが、美令にはなぜか前よりも息が合っているように思えた。

(気のせいかな。日本でP:steシックにかかっていたせいかもね)

次の目的地はノルウェーだ。灼熱(しゃくねつ)の国から真冬の北欧に逆戻りしたP:ste一行は、ノルウェー第2の都市ベルゲンに到着した。

ホテルに荷物を置くと、美令は一人で街を散策した。日が明るいうちに街を見たかったのだ。フィンランドではほとんど滞在時間がなかったため、ゆっくりと北欧の町を歩くのは今回が初めてだった。

アジアやヨーロッパ、アフリカ。それぞれに個性があって魅力的だったが、美令はとりわけここ、ベルゲンの街並みに魅了された。三角屋根の家々が並ぶ光景はインスタ映えするだけでなく、人々の営みもしっかりと伝わってくる。丁寧に、清らかに生きている気がする。

美令は思い切り深呼吸をしてみた。海風が運ぶ冷たい空気が一気に肺に入り、思わず咳き込んでしまった。

(そういえば、ベルゲンってアナ雪のモデルにもなった都市よね。寒いはずだわ)

町外れにあるコテージのような小さなホテルに戻ってきた。フロントデスクに、大きな長毛種の猫がどんと横たわっているのが目に入り、猫好きの美令は無意識にかけよった。

「かわいい! なんていう名前? いくつ? ここの猫さんなの?」

日本にいる時も美令は猫を見かけると、こうして話しかけてしまうのが常だった。

「それ、猫に質問してるの? しかも日本語で」

いつから見ていたのか、サクラが笑いながらやってきた。

「だって、かわいいんだもの。かわいいは世界共通。かわいいは正義!」

サクラが、流暢な英語でフロントのスタッフと言葉を交わし、

「ここの看板猫なんだってさ。ノルウェージャンフォレストキャットっていう品種らしいよ。名前はエリス、7才のレディだって」

と一気に説明してくれた。部屋に戻ろうとするサクラの袖をひっぱり、

「お願い、おやつをあげてもいいか、聞いてください」

「この俺さまを通訳扱いか！　まあいいけど」

サクラはスタッフとまた英語でやりとりをしてくれた。

「あげてもいいけど、ちゃんと猫用のものをお願いしますってさ。たまに人間の食べ物を勝手にあげる人がいて困ってるんだって。そりゃそうだよな」

「了解！　サクラさん、ありがとう！」

「はいはい」

エレベータの方に向かって歩くサクラは、ビールが何本も入った袋を提げていた。

「いまから何かあるの？」

美令が尋（たず）ねると、

「タクミの部屋で……」

何やら口ごもる。

「ん？」

「みんなでミーティングだって」

「え？　４人で？」

「そうらしい」

「へぇ……」

とってつけたように不機嫌っぽく振る舞いながら、サクラはエレベーターに乗った。

(で、ビールを買いに行ってきたわけね……)

日本への一時帰国が自分の心に気づきを与えてくれたように、P:ste の4人にも、何か心境の変化があったのかもしれない。

美令は、つい頬が緩んでしまいそうになり、慌てて猫に視線を戻す。

「タッチ、オーケー?」

笑顔で頷く(うなず)フロントマンを確認して、美令はエリスのあご下をなでた。

(英語も勉強しよう……)


美令は部屋に戻ると、ゆっくりとシャワーを浴びて体を温めた。

そろそろ夕食の時間になるのに、なかなか誘いが来ない。そうこうしているうちに、景子の体調が急に悪くなり、薬を飲んで寝込んでしまった。

熱はないからたいしたことはなさそうだが、沖川原の部屋に報告しに行くと、彼も同じようにダウンしていた。

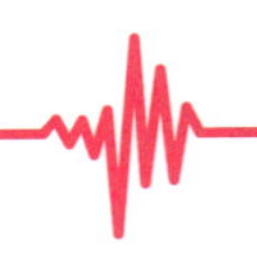

確かに北欧からアフリカ、また北欧と、寒暖差の激しい場所の移動は体にこたえる。

しかも沖川原は、途中で日本にも戻っている。いや、それは私もだ。

明日にはもうリハーサルが始まる。二人には今晩ゆっくり休んで回復してもらおう。

「何か食べられそうなものを買ってきますね。あれ、メンバーは？」

「……なんか、みんなで話し合ってる……」

さっきサクラと会ってから2時間は経っていた。

（まだミーティングしているのだろうか）

美令は邪魔（じゃま）をしないように、4人に声をかけるのを控えた。


部屋に戻ると、ユニクロのヒートテックとオフホワイトのシームレスダウンパーカーを着込んだ。

どこかでさっとご飯を食べて、景子や沖川原に軽くつまめるものと飲み物を買ってこようと、極寒のベルゲンの街に出た。まだ夕方だというのにほとんどの店が閉まっていて人通りも少ない。

「ヨーロッパって、ホントにお店が閉まるの早いなあ」

店の灯りだけはついているので閑散とした寂しさはなく、むしろ幻想的で異世界にでも迷い込んだようだ。しばらく肩をすぼめながら足早に歩いていると、お腹が減ってきた。

「ああ、どこか開いているスーパーないかなあ……」

それにしてもこんなに人通りが少なくて、ノルウェーは国としてやっていけるのか。アジアの溢れる人々の熱気と比べて心配になった。アジアの世紀とヨーロッパの落日という言葉がふと思い浮かんだ。

寒くて分厚い手袋を外せずスマホを扱えないので、美令はキョロキョロしながら歩き回った。寒さがだんだん骨にまでしみ込んでくるようで歯がガタガタと震え始めた。しかも、昼間との風景が違いすぎて、方向感覚まで崩壊してきた。心細く歩いていると、人がたくさん出入りしている大きな建物が目に入った。

ショッピングセンターかデパートのような場所だ。

「やったあ！」

美令はそのまま建物に入った。

店内は本屋や雑貨屋、カフェなどが入っている。

「あ、H&Mもある！」

暖かさと安心感で元気を取り戻した美令は、景子や沖川原のためにサンドイッチやサラダ、お菓子などを買った。

「あとは、エリスちゃんのおやつだ！」

キャットフード売り場で缶入りの猫用おやつを物色していると、いきなり声をかけられた。それも日本語でだ。

「美令さん？　パリでお会いした美令さんじゃありませんか？」

振り向くと見覚えのある顔の男性が立っていた。

「覚えてますか？　パリで会った、ラジオ局のパーソナリティやっているピエールです」

「ああ、あの時の！」

黄色いベストのデモ隊に遭遇した時に出会ったピエールだった。さわやかな顔でにこやかに笑っている。

「まさかとは思って声をかけたのですが、ご本人だとは。びっくりしました」

「びっくりしたのはこっちよ。こんな偶然、小説みたい！」

偶然の再会を喜んだ後、美令は、ピエールが勧めてくれたキャットフードを買い、一緒に食事をするために、小さなレストランに入った。

「ここは、魚料理がおいしいんですよ。一度しか来たことないんですけどね」

「私、お魚大好きです！　ああ、サンマと白いご飯が食べたい！」

店員がやってきたので、美令はサーモンのバターソテーを、ピエールはタラのフライを注文した。

ピエールは、漁業の取材で3日前にノルウェーに来たのだという。

「ノルウェーの魚はジゾクカノウなものばかりです。環境に優しく、それでいて本当においしいです」

「ええと……その、ジゾクカノウって何？」

「**サステナブル**、つまり**持続可能**な、ということです。僕の仕事の根底にあるのはサステナブルなんです」

初めて聞く言葉が続く。でも、分からないことは先送りにしないと決めた美令は素直に言った。

「ごめんなさい、勉強不足で。持続可能な漁業って、どういうことですか」

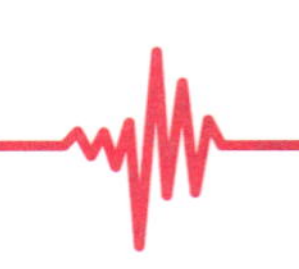

「将来にわたって漁業が続けられるよう科学的な管理の下に行う、持続可能な漁業のことです。海洋生物の数が１９７０年から比べると半分になってしまったことは知ってますか？」

「魚が獲れなくなったってニュースで聞くけど、地球温暖化とか自然破壊とかのせいじゃないの？」

「たしかにそれもあります。しかし、魚自体の獲りすぎも問題です。日本は世界第３位のお魚消費国です。もっと持続可能な漁業について知っておいた方がいいです」

主要国の１人あたり魚の消費量ランキングは、１位は韓国、２位はノルウェー、３位は日本で、４位中国、５位インドネシアと続く。

日本の漁業・養殖生産量はピークだった１９８４年の１２８２万トンから徐々に減って、２０１６年では４３６万トンになっている。特にニシンは、ピーク時には１００万トンも獲れていたのが２０１５年は１％以下の４千トン強となっている。

世界の漁業は、過剰に魚を獲りすぎている。適切な管理がされていない漁業による乱獲に加え、違法・無報告・無規制に行われている**ＩＵＵ漁業**（Illegal（イリーガル）, Unreported（アンレポーテッド） and（アンド） Unregulated（アンレギュレーテッド） 漁業）も多く、さらにダイナマイト漁のような環境を破壊する漁業により、海は危機に面している。このままでは将来魚が獲れなくなる可能性もある。

そこで資源が枯渇しないよう、適切に管理された漁業を普及するための国際非営利団体である**ＭＳＣ**（Marine Stewardship Council ― 海洋管理協議会）が設立され、〝**持続可能な漁業**〟だと認証された漁業で獲られた水産物にはその証であるＭＳＣラベルを付けることができる制度を設けた。**海のエコラベル**とも呼ばれる。

日本でもイオンがＭＳＣ認証の魚のとり扱いを増やし、日本マクドナルドがフィレオフィッシュに使われる白身魚をＭＳＣ認証を受けたものにする取り組みをスタートさせるなど、ＭＳＣ認証は徐々に普及しつつある。

なお日本にも、漁業認証のＭＥＬ（Marine Eco-Label Japan）など独自の認証制度である**水産エコラベル**がある。養殖の認定などを含めた水産エコラベル全体における日本国内の認定水産物の生産量は50万トンで、２０１６年の生産量４３６万トンの11％程度にあたる。

「日本人、魚たくさん食べます。お寿司やお刺身は私も好きです。あなたがいま食べたサーモンはサステナブル、つまり持続可能な漁業によるものか、そうでないのか。本来ならみんながもっと意識して食べるようになって欲しいんです。このままじゃ海がダメになります。そのことを広めたくて……」

ピエールの日本語が急になめらかになった。この話題を何度も日本語で話しているのだろうか。

「美令さんがさっき買ったキャットフード、ＭＳＣ認証を受けていれば持続可能な漁業により獲られた魚の製品だと分かります。魚のパックや製品の袋に〈海のエコラベル〉があれば、それはＭＳＣ認証を受けたものです」

美令がキャットフードの缶をバッグから取り出してみると、そこにはＭＳＣ認証のマークがついていた。

「持続可能性かあ。でもそのラベルがついていても、持続可能な漁業で獲られた魚なのか、本当のところは分からないんじゃない？」

「はい、美令さんの言うとおりです。海のエコラベルがついている魚が本当に持続可能な漁業で獲れた魚なのか証明する必要があります。だから**サプライチェーン**の**トレーサ**

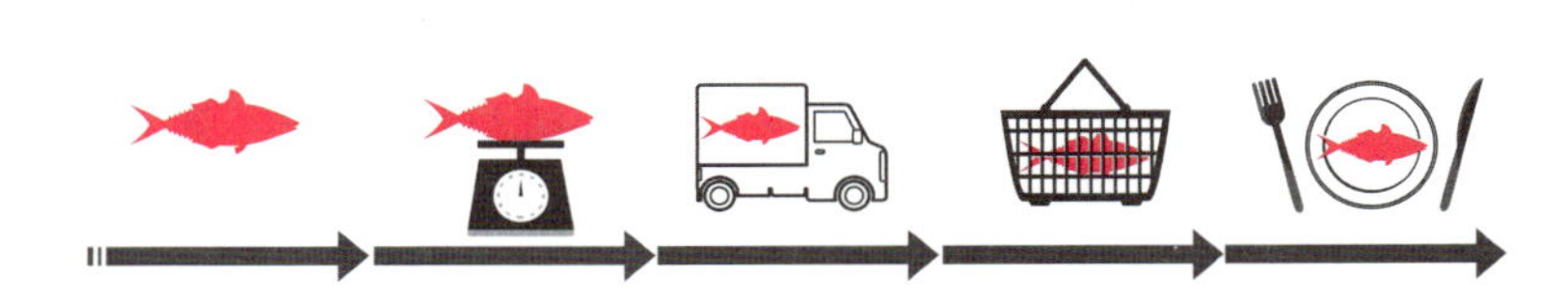

ビリティが重要なのです！」

（トレーサビリティって、田嶋さんが言ってたダイヤモンドと同じね）

　消費者が口にする水産物やレストランのメニューなどでMSC認証を表示するには、**トレーサビリティ**が求められる。魚の漁獲から卸売り、加工、輸送、そしてスーパーやレストランに並ぶまでの、加工・流通過程（これをサプライチェーンという）を追跡できる**トレーサビリティ**が有効だと認められた場合に、**CoC認証**（Chain of Custody）が与えられる。CoC認証を取得すると、食品などにMSC認証を表示することができる。

「トレーサビリティを確保するために、ブロックチェーンの活用が始まっています」

「……またブロックチェーンか」

「え？」

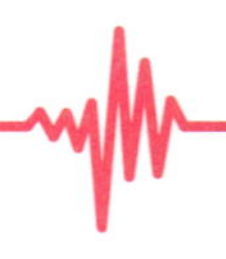

何でしょうかとピエールが怪訝(けげん)な顔をしたので、何でもないと美令は顔を横に振った。

2019年1月、WWFオーストラリアは商品の原産地から市場までの流れを管理するブロックチェーンを利用したシステム「OpenSC(Supply Chain(サプライチェーン))」の運用を開始している。

SDGsとP:ste

「日本はヨーロッパに比べるとまだまだ持続可能な魚について遅れています。だから僕はラジオで日本に呼びかけています。その努力もあってか、日本のラジオ局からゲストで出ないかと呼ばれました」

「ピエールさんは偉いわ。そんな活動をしよ

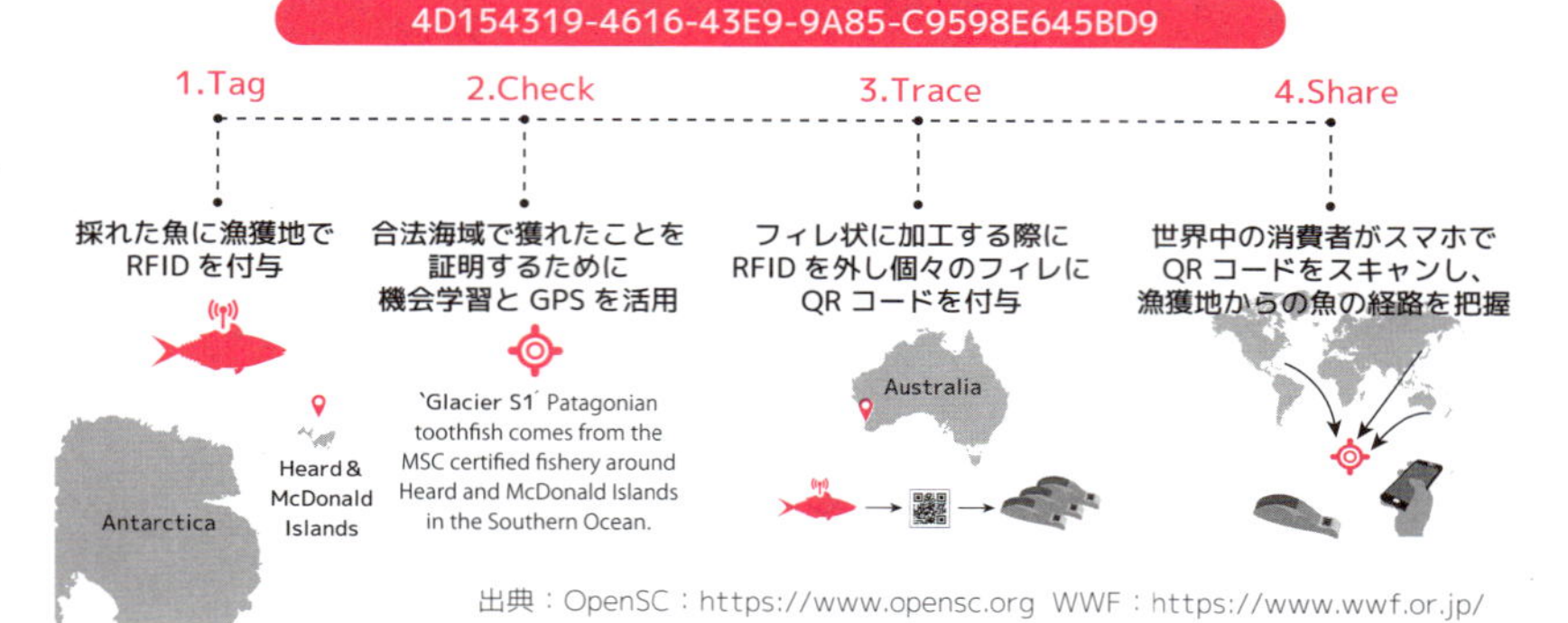

出典：OpenSC：https://www.opensc.org　WWF：https://www.wwf.or.jp/

うなんて、私は思ったことない……」

「今、世界は劇的に変化しています。持続可能な魚というのは、海の環境だけのことではないのです。企業や経済も持続可能性、サステナブルを考えないと成り立たないのです。国連が定めたエスディージーズは、まさにそのためにあるのです」

「ええと、ごめんなさい。エスディー……って」

「ＳＤＧｓ。持続可能な世界を可能にするための、２０３０年までに実現を目指す17の目標のことなんです。時代のホットワードですよ」

ＳＤＧｓ（エスディージーズ）とは、Sustainable（サステイナブル） Development（デベロップメント） Goals（ゴールズ） の略で、２０１５年に国連が定めた持続可能な開発目標のこと。大文字のＳＤＧの最後に小文字のｓがついて、エスディージーズと読む。最後のｓは、複数のゴール（Goals）があるという意味。

ＳＤＧｓは、すべての人が健康的で、適切な教育を受けられて、男女に関係なく社会に参画できて、経済を成長させながら働きがいのある仕事につくことができ、海や陸の資源を適切に管理しながら利用できるなどの目標を２０３０年までに達成することを目指している。しかも、すべての国が行動し、誰一人取り残さないことを強調している。

「理想は分かるけど……可能なのかな、そんなの」

「いえ、ＳＤＧｓは理想を掲げているだけではないのです。この目標を実現するための具体的な１６９のターゲットを決め、そのターゲットの達成度合いが分かるように２３２の指標さえ決めているのです」

「２３２も！」

「ＳＤＧｓは、環境や人の権利の問題が改善すればいい、ということではありません。経済活動もＳＤＧｓによって活発になるようにするための目標なのです」

たとえば、Goal ４の『質の高い教育をみんなに』は、誰一人取り残すことなくすべての人が質の高い教育を受けられるようにするという教育理念の問題だけではなく、それを実現することによって労働者のレベルを上げ、労働生産性を向上し、イノベーションを生む人材を育てようという考えがある。

Goal ５の『ジェンダー平等を実現しよう』は、男女の社会的な権利を平等にという権利の問題だけではなく、女性が社会参加することにより経済活動の担い手になってほしいという目的がある。

Goal 14の『海の豊かさを守ろう』も、海の環境を守ろうというだけではなく、将来に

4. 質の高い教育をみんなに
すべての人に包摂的かつ公平で質の高い教育を提供し、生涯学習の機会を促進する

14. 海の豊かさを守ろう
海洋と海洋資源を持続可能な開発に向けて保全し、持続可能な形で利用する

5. ジェンダー平等を実現しよう
ジェンダーの平等を達成し、すべての女性と女児のエンパワーメントを図る

15. 陸の豊かさも守ろう
陸上生態系の保護、回復および持続可能な利用の推進、森林の持続可能な管理、砂漠化への対処、土地劣化の阻止および逆転、ならびに生物多様性損失の阻止を図る

わたって水産業を持続可能な産業として維持していくためであり、これはGoal 15の『陸の豊かさも守ろう』も同様である。

「ＭＳＣ認証は、Goal 14の『海の豊かさを守ろう』の具体例でもあります」

「今、どれだけその目標に近づいているの？」

「国連はＳＤＧｓのレポートを毎年提出します。まだ始まったばかりですから、成果はこれから出てくると思います」

「でも、どうして世界はそんなに持続可能性ばかり問題にしているの？　地球温暖化なら聞いたことあるけど、そこまで持続可能性って連呼されると、今のままでは未来は壊滅的ですって警告されているみたいで、なんだか不安になるわ」

「実際、その通りなのです。気候や自然の危機だけ

ではありません。社会はＡＩとかＩｏＴなどの科学技術によって、かつて人類が経験したことがないほど急激なスピードで変化しています。今ある技術は、10年後にはまったく古くなっていることさえあるかもしれない時代なのです。美令さんが今身に付けている知識や仕事の経験は10年後には使えないかもしれないのです。今のままじっとしていると、生きることさえ難しくなる。だからこそ、サステナブル、持続可能性が問題となるのです」

「言いたいことは分かるけど、じゃあ実際どうすればいいのかってなると、遠い話のような気がする。いまの私には、自分の今後のことと、あとはP:steのことで頭がいっぱいなの」

「分けて考える必要はありません。すべてはつながっているのですから」

「さすがにP:steとＳＤＧｓはつながらないでしょ……」

次の再会を約束してピエールと別れ、ホテルに帰ってきた。

沖川原にサンドイッチとスープを届け、部屋に戻った美令の頭の中で、さっきのピエールの言葉がヘビーローテーションしている。

――分けて考える必要はありません。すべてはつながっているのですから

P:ste とSDGs?

…………。

「どしたの?」

美令が買ってきたワッフルをほおばりながら景子が聞いた。体調は回復してきたようだ。

「景子さん、SDGsって知ってますか?」

「あ、うん、なんか持続可能な目標だっけ? 国連が出したとかいう」

「さすが! っていうかやっぱりホットワードなんですね」

しばらく考えこんだ後、美令はタクミにLINEを入れた。

タクミの予感

翌日、リハーサルを終えたタクミは、バタバタと荷物を運んでいる美令を見つけて声をかけた。

「例の件なんだけど、真剣に考えてみるよ」

タクミが言うと、美令は「よかった……」とうれしそうに笑い、戻っていった。

美令の背中を見ながら、タクミは昨夜のことを思い出していた。

突然LINEをよこし、部屋にやってきた。告白でもされるのかと構えていたところ、美令が口にしたのは思いもかけない提案だった。

「P:steでSDGsの曲を作ったらどうでしょう！」

突然何を言いだすのかと思ったが、改めて考えると悪くない。いや、むしろいい。

昨日は、美令からLINEをもらう少し前まで4人で今後のことを話し合っていた。

ドイツでケンタがヒントをくれた、トヨタのカイゼンをもとにした『クール P:ste 戦略』。あれを自分なりにアレンジして、提案したのだ。バンドの目標を明確にして、一人ひとりの意見を尊重して、音楽の方向性やプロモーションの方法を決めていくのはどうかと。

ケンタはともかく、サクラやマサルがどう応えるかが不安だったが、二人とも意欲的だった。この世界ツアーで何かが確実に変わっているらしい。そして明確な目標をひとつ設定しようと言った時、サクラが立ち上がって……。

「決まってんだろ！　地球制覇だよ！」

かくして、サクラが言い放った『地球制覇』がP:steのマイルストーンとなったのだ。

昨日のミーティングでは、こうしたメンバーの意思確認までだった。そこにきて、美令のもってきたSDGsの話だ。地球制覇を視野に入れたいま、持続可能を目指すテーマは大いにアリなんじゃないか。


昨夜、美令が部屋を出ていったその瞬間から、タクミはタブレットを開いていくつかのフレーズを書きなぐっていた。フランス語の単語もいくつかあった。

これまでの曲は完成してからメンバーに披露していたが、今回は、草案ができた段階でみんなの意見を聞いてみよう。

完成すればきっと、P:steの代表曲になるはずだから。

サステナブル

日本のアイドルグループＡＫＢ48は結成10年を超えています。そしてＡＫＢ48の２０１９年９月発売の56枚目シングルは〝サステナブル〟というタイトルです。

サステナブル、そう、持続可能性です。

２０１５年に国連でＳＤＧｓが宣言されて以来、持続可能性という言葉がアイドル曲のタイトルになるまでになりました。

なぜここまで、持続可能性は世界で話題となるのでしょうか？

それはＳＤＧｓが単なるスローガンではなく、新たなビジネスチャンスを経済界にもたらすものだということにも関わっています。ＳＤＧｓが掲げる未来像と現在のギャップを埋めるためにはイノベーションが必要です。そこに新たなビジネスチャンスがあるのです。

たとえば５才未満の子供の死亡率が今でも高いアフリカ諸国では、輸血に必要な血液が国中に十分に行き渡っていません。国土が広いため十分な病院を建てるにはお金も人手も足りません。しかしＳＤＧｓはGoal ３『すべての人に健康と福祉を』を掲げています。

ここにイノベーションが登場します。ドローンを使って血液を輸送するのです。

アメリカのベンチャー企業であるZipline（ジップライン）がルワンダでスタートさせたドローン輸送はこれまで１万８千回以上も血液を配達しています。Zipline はこの事業により世界で初めて、一国をカバーする規模でのドローン物流の商業化に成功しました。

このようなＳＤＧｓ達成による市場規模は、１３００兆円以上になると予測されています。

美音ちゃん解説編

AKB48とサステナブル

私たちAKB48の新曲タイトルが「サステナブル」に決まったと聞いた時はびっくりしました。このラジオで澤先生がまさにサステナブルの話をされていたからです。でも劇場公演をはじめとする伝統や歴史、そして楽曲を受け継いでいくことで、メンバーは変化してもグループの存在はいつまでも続いていく。AKB48もまた、持続可能なアイドルの形なのではないでしょうか。

この楽曲の歌詞には「どんなことあったとしても僕は変わらない」「そう本当の気持ちだからずっと好きでいさせて」というフレーズがあるように、この恋の持続可能性を信じている切ない恋心が描かれています。そして同時に、どこかAKB48そのものに重ね合わせて聴いてしまう自分もいたりして……。

持続する、何かを続けるというのは簡単なようで実は一番難しいこと。ふとした瞬間に自分を客観的に見つめてしまい、諦めたくなる時もたくさんあります。だけど小さな一歩を少しずつ積み重ねていくうちに目の前の壁を乗り越え、夢や理想に近づくことができるんだと、私はこの6年間のアイドル人生で学びました。だからこれからもずっと、AKB48を未来へと繋げていくために頑張り続けます。

サステナブルという言葉は、私のように経済についてまだ詳しくない人にとっては聞き慣れないものだったかもしれません。もしも私たちのこのシングルが、少しでも多くの方にサステナブルやSDGsという考え方を知っていただけるきっかけになれたとしたらこれほど嬉しいことはありません。持続可能な社会を作っていけるように、私もアイドルとして自分にできることを見つけていきたいと思います。

CHAPTER

SWEDEN / スウェーデン編

1人あたり GDP ランキング 12 位

	人口	GDP	1人あたり GDP
2007 年	910 万人	54 兆円	585 万円
2017 年	1,010 万人	59 兆円	582 万円

ABBAとベビーカー

「うわー！　スケートリンクがある！」

次の公演地であるスウェーデンについた一行は、ストックホルムの中心部に位置する王立公園をみんなで散歩していた。ホテルのチェックインまで1時間ほどあり、荷物だけ預けて時間をつぶそうということになったのだ。

「王立っていう響きが新鮮よね。日本にはない重みがある」

「ここは、春になると一面に桜が咲くようですよ」

「そうなんだあ。綺麗だろうなあ」

今は、全体的に白で覆われているこの公園が春になって桜色に染まる光景を想像していた美令の耳に突然、サクラの歌声が飛び込んできた。

「なに、これ、なんか聞いたことある！」

振り向くと、サクラが大声で熱唱している。

「知らないの？　ABBA（アバ）のダンシングクイーンだよ。スウェーデンの国民的グループの」

沖川原が、ステップ（らしき動き）を踏みながら、教えてくれた。

40年前というから美令は知らなかったが、国民的グループというだけあって、地元の人たちは反応している。自国のスターの曲を、しかも上手に歌う東洋人に興味津々といった様子でサクラの周りに集まって輪を作る。こうなるとサクラの真骨頂だ。

「サクラ、アバなんてよく知ってるね」

「調べてきたんじゃない？　あいつ適当なようだけど、音楽に関してはマメだから」

そう言って、ケンタが輪の中に入り、手拍子を始めた。タクミが続いて入り、離れたところで見ているマサルに「来いよ」と手で合図を送ってている。

（いや、マサルは無理でしょ……）

心の中で突っ込む美令の脇を抜けて、マサルが輪の中に入っていった。

「マジ？」

「めずらし……」

驚く美令と沖川原のそばに景子がやってきて、

「なんかね、最近そうなの。マサルがなんとなくだけど、まるくなった気がするの」

とつぶやいた。

ケンタが手拍子で裏拍をとったり二人で強弱をつけたりと、たかが手拍子でも音楽をやっている人たちがやると、ちゃんとした伴奏として成立する。

「P:ste、かっこいい！」

美令はなんだかうれしかった。

沖川原は遠くを見つめるような表情をした。

「俺はP:steがインディーズ時代から目を付けていたけど、あの頃はメンバーが同じ目標に向かっていたね。デビューして世界ツアーが決まった頃からかな、勝手な方向を向き始めたのは。でもまた少し変わってきたよな」

王立公園は、春が来たのかと思うほど暖かい陽気だった。眩しいほどの日差しに誘われて、平日だというのにたくさんの人が繰り出している。P:steはヨーロッパで火がついたとはいえ、一般的な知名度はほとんどない。集まってきた人たちも、単に歌がうまい東洋人が物珍しかっただけだろう。

そこに若い男性の二人組がやってきた。赤ちゃんを乗せたベビーカーを押している。

「P:ste！」

二人が同時に叫んだ。どうやらP:steのことを知っているようだ。興奮している表情をみると、ファンなのかもしれない。二人だけとはいえ、遠い北欧の国でファンが自分たちを認識したことに気をよくしたのか、サクラはさらに声を張り上げた。

1曲最後まで歌い上げ、「これで終わりだよ！　ありがとう！」と集まった人たちに挨拶をして即興ライブは終了した。結局、P:ste の曲はやらなかった。プロである以上、タダでは持ち歌は披露しないということだろうか。集まったオーディエンスは盛大な拍手を P:ste の４人に贈った。

ベビーカーを押している二人組の男性が近寄ってきて英語で話しかけてくる。

「僕たち、P:ste のファンなんです。明後日のライブにも行きます！」

赤ちゃんを器用にあやしながらメンバーみんなのサインをもらったり、写真を一緒に撮ったりしている二人組を見ながら、美令は不思議に思ったことがある。

「あの二人組もそうだけど、さっきから男の人がベビーカーを押しているのをたくさん見かける。シングルファザーかな？」

「離婚率が高いんじゃないか、ヨーロッパは」

興味なさそうに答えた沖川原に、横に立っていた景子が口を挟んできた。

「スウェーデンの男性は育児への参加率が高いのよ」

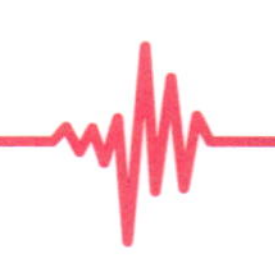

サクラがその二人とこちらにやってきた。

「彼ら、ジャズバーを経営しているんだって。今夜小さなライブがあるから来ないかって言われたんだけど、行ってもいいっしょ？」

スタッフとして美令が同行するならという条件で沖川原がＯＫを出した。

（またか……）

まずは市内バスに乗って移動するという。

停留所に着くとすぐにバスが来た。ベビーカーの二人組は、エドガーとカールという名らしい。一緒にバスの中央ドアから乗り込もうとすると「君たちは前方のドアからだ」と言われたので、前方から乗り込み、あらかじめ購入していたプリペイドカードをリーダーにタッチした。バスにはベビーカー用のスペースがあり、エドガーたちはそこにベビーカーを置く。


「彼らはお金を払わなくていいの？」

美令がサクラに言うと、サクラが流暢（りゅうちょう）な英語でエドガーたちと話す。

「ベビーカーで赤ちゃんを連れている人は無料なんだってさ」

さすが北欧は福祉が進んでいる。

エドガーたちがスマホを取り出してイヤフォンをつけ、音楽を聴き始めた。

「P:steの音楽聴いてるのかなあ」

「Spotify(スポティファイ)にはP:ste入ってないっしょ。沖川原さんがレコード派だからね。それにサブスクリプションはアーティストに優しくないって反対してんだよ」

Spotifyは、スウェーデン発祥の音楽ストリーミングサービスだ。今や世界中で1億人を超えるユーザーがいる音楽配信の最大手として知られる。

「でもSpotifyとかに入ってないと、時代に乗り遅れない？」

「だよねえ！　俺もそう言ってんだけど、沖川原さんが頑固でさあ。サブスクリプションは時代の流れなのに、フリーミアムというのが気にくわないってさ」


Spotifyのように毎月定額を払うと音楽などのサービスが受け放題になる取引を**サブスクリプション**という。海外でも日本でもサブスクリプションに楽曲提供していないアーティストはたくさんいる。Spotifyは、基本的に無料で聞くことができるフリーミアム方式であり、無料で音楽が聴けることに否定的なアーティストが多いからだ。**フリーミアム**とは、基本的なサービスを無料で提供し、高度な機能の利用には課金してもらうという仕組みのことで、無料のfree(フリー)と割り増しという意味のpremium(プレミアム)を合わせた造語だ。

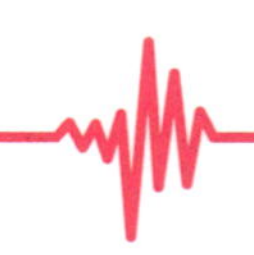

「P:steはこれからどっと売れるからサブスクリプションなんて無用だ！　って、沖川原さんは啖呵を切ってるけどね」

「たしかに言いそう」

バスは静かに走り続ける。

「じゃあ、ここでクイズです！」

いきなりサクラが言い出した。どうやらバスの中に飽きてきたようだ。

「サブスクリプションが増えている理由として、1対5の法則があると言われていますが、さて、それは何のことでしょう？」

「そもそもそんな法則、聞いたことありません」

「新しいお客さんをつかむにはお金がかかるという話です」

1対5の法則とは、新しい顧客を得るためにかかるコストは、すでに顧客になっている人をずっと引き留めておくためのコストより5倍多くかかるというもので、フレデリック・F・ライクヘルドというコンサルタントが提唱した法則だ。

特にこれから人口が減少していく日本では、需要が右肩上がりに増えていくことは見込めない。それならば、一度つかまえたお客さんをずっと長く引き留めておく方がいいという発想になる。これが定額性というサブスクリプション手法を採用する企業が増えている理由でもある。この方がコストも安いし、売上も安定する。Amazonプライム・ビデオ、Netflix、Huluのような動画配信サービスもサブスクリプションであり、コンテンツ産業以外にもキリンビールの『Home Tap』や洋服を定額性で借り放題の『メチャカリ』など、いろいろな分野に広がりつつある。

サブスクリプションという販売戦略を採る場合、重要になるのがＬＴＶという指標になる。**ＬＴＶ**（エルティーブイ）とは、Life Time Value（ライフタイムバリュー）の略。お客さん一人が生涯でそのサービスにいくら使ってくれるかという指標で、一回当たりの売上ではなくて、サービスを提供できる期間すべてで売上の善し悪しを判断しようというものだ。サブスクリプションの場合、月額定額制だから月の利益はさほどではなくても、たとえば10年合計で見ればちりも積もれば山となる。

３つ目のバス停で降りると、目の前にスーパーがあった。食材調達のため、寄っていくとエドガーが言う。

スーパーの横に移動販売の車が止まっていたので、美令たちはそこでホットドッグを買って二人を待つことにした。

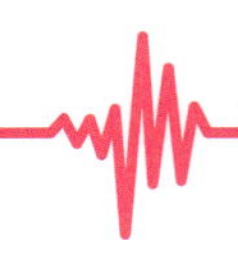

「ねえ、サクラさん、今キャッシュの手持ちないんだけど、持ってる？」

「なんでキャッシュ？」

「だって店の前に〝Cash Free〟って書いてあるの。現金しか使えないってことでしょ」

「えっ、〝Cash Free〟って、現金お断りっていう意味だよ」

「えっ？　そうなの……」

freeには禁止という意味もあり、〝Cash Free〟は、現金禁止、つまり現金はお断りという意味になる。イギリスの標識で〝ALCOHOL FREE ZONE〟とあるのは、アルコールを自由に飲んでいい場所ではなく、アルコール禁止ゾーンのことである。


スウェーデンのキャッシュレス決済比率は48・6％と日本の倍もあり、現金の流通量はGDPのわずか1・4％（2016年）と、日本の19・9％に比べて格段に少ない。これは冬期の現金輸送に困難が伴うため早くからクレジットカードが普及していたことや、1990年代初頭の金融危機の際に金融機関を中心に国家を挙げて生産性向上を目指したことが理由に挙げられる。

「俺がSwish（スウィッシュ）で払っとくよ」

サクラはスマホのアプリを立ち上げて店のQRコードを読み込んだ。

LINE Pay のような個人間送金サービスとして2012年に登場したSwish は、スウェーデンの大手銀行6社が共同運営しているもので、スウェーデン人口の60%もの人たちが使っている。Swish は2014年から店舗での決済としても使えるようになり、店のQRコードを読み取ると送金が完了する。

「まだ来そうにないから、あそこの店行かない?」

ホットドッグを食べ終わり、二人は道路の反対側にあったドラッグストアに向かった。

店内に入ると、緑を基調とした色使いがいかにも北欧風でかわいらしいコスメがいっぱい並んでいる。

「素敵! でもちょっと高いかなあ」

値札の金額をスマホの電卓で日本円に換算して美令はつぶやく。

「消費税が25%だからなあ。日本より高く感じるかもね」

「どうしてこうヨーロッパって消費税が高いの!」

日本の消費税は2019年10月より8%から10%に増税されるが、スウェーデンの消費税は25%と日本に比べて倍以上高い。

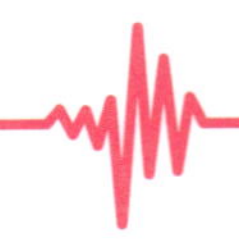

「じゃあ、クイズ第2問いこうか！」

「続いてたんだ、クイズ」

「第2問です。消費税の生みの親といわれる国は、どこでしょうか？」

「出た、得意の税金問題。うーん、そういうのって、だいたいアメリカのような気がする」

サクラが「ノン・ノン・ノン」と言いながら人差し指を大きく左右に振る。ああ、そういうのウザいわあ、と美令は思ったが口には出さなかった。

「正解は、フランスです！」


消費税は英語では**VAT**（ブイエーティー）（value-added tax（バリューアディド タックス） ― **付加価値税**）といい、フランスが1953年に世界で初めて導入した。モノやサービスの〝消費〟に対して課税するというこの方法は、モーリス・ローレという官僚が考案したと言われている。

消費税はEUでは共通税制として採用されている。ただし通常使う**標準税率**や、品目により税率を下げる**軽減税率**の導入は、各国の判断に任せている。

消費税を負担するのは最終消費者であるユーザーだが、税金を国や都道府県などに納めるのはモノやサービスを販売している事業者である。事業者は消費者の代わりに消費税を受け取り、それを国などに納めている。

「当時はフランス史上最高の発明と言われたみたいだよ。モノを買うたびに税金を取る仕組みなんて、よく考えたよなあ」

「消費税って何買っても有無を言わせず取られちゃうもんね」

「そこだよ、税金を広く浅く漏れなく、しかも納税する人があまり痛みを感じることなく、知らないうちになんとなく取られてしまうというこの素晴らしいアイデアは、まさにノーベル賞モノだね。しかも実際に税金を国に納めるのは消費者ではなく事業者だっていうのがうまい！」

「それにしても消費税25％は高すぎるでしょ。よくみんな文句言わないよね。税金オタクとしてサクラさんは許せないんじゃない、こういう国」

消費税（付加価値税）

	標準税率
スウェーデン	25%
ノルウェー	25%
フランス	20%
ドイツ	19%
イギリス	20%
日本（2019年10月～）	10%
韓国	10%
シンガポール	7%
マレーシア	6%
インドネシア	10%

出典：全国間税会総連合会

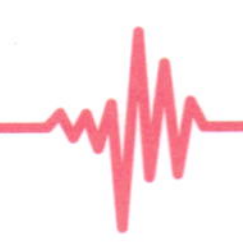

「消費税は俺のような富裕層からすれば逆に負担は少ないからね。まあ高くても許せるわけよ」

「どういうこと？」

「たとえば食料品って富裕層も貧乏人も買うわけでしょ。食費って絶対必要だからね。すると貧乏人の方が所得に占める食費の割合がどうしても高くなる。そこに消費税をかけると貧乏人に不利に働くってことさ」

消費税についてよく言われるのが低所得者層ほど税金の負担が重くなる〝**逆進性**〟だ。たとえば食品などの生活必需品は所得にかかわらず必ず購入するため、低所得者層の負担は重くなる。これに対して富裕層はすべてを消費に回すのではなく、株式投資など投資に回すお金が多くを占め、ここには消費税はかからない（株式や土地の売買は消費するものではないため非課税）。このため富裕層ほど消費税の負担割合は少なくなる。これが逆進性だ。

この逆進性を少しでも緩和するために、軽減税率を各国とも採用している。たとえば日本では２０１９年10月以降、生活必需品である飲食品（酒類を除く）の購入は軽減税率８％となる。ただし〝場所〟という食品以外のサービスも提供するレストランなどの外食は標準税率10％となる。軽減税率が適用されるか否かの基準は、単なる飲食品の譲渡かどうかにある。


「ああ、軽減税率ね。それは日本にいる時にニュースで見たわ」

「まあ、貧乏人は家で食べろと言うことさ」

「……その性格どうにかならないかなあ」

と言いつつ、前よりそういうサクラの言い方があまり気にならなくなっている自分が怖い。


スウェーデンは標準税率は25％だが、食品・日用品は12％で、新聞・雑誌は6％、薬は0％となる複数の軽減税率を採用している。

「あ、薬は消費税ゼロ％なのね。さすが福祉国家だと思うけど、食品は12％と意外と高いのね」

「スタンスが日本とは全然違うからな。スウェーデンは、シンガポールのようなタックスヘイブンほどじゃないけど、法人税は安いんだよ。企業には儲(もう)けてもらい、従業員に十分な給料を払ってもらい、たくさん消費してもらって消費税で財源を確保するってことだな」
「企業には有利なのね」
「その分ＶＡＴ（付加価値税）は高くして財源を確保し、それで子育てをしやすい環境を作っているんだ。でもって男女ともに働きやすい環境をつくり労働の担い手を確保していくっていう戦略だよな」

法人税や法人住民税などを含めた会社に対する総合的な税率のことを**法人実効税率**という。スウェーデンの法人実効税率は19・8％であり、日本（27・5％）よりも低く設定している（２０１７年）。

福祉国家として有名なスウェーデンは、たとえば育児休暇として「両親休暇制度」があり、働きながら親が育児に時間を割けるよう配慮（はいりょ）されている。

育児休暇は子供が12才に達するまで取ることが可能で、しかも合計で18カ月と長い。また、父親が必ず取得しなければならない期間（「父親の月」と呼ばれ90日間）があるため、スウェーデンでは平日の昼間にベビーカーを押す男性の姿をよく見かけるのだ。

合計特殊出生率でもスウェーデンは１・85（２０１６年）と、１９９６年の１・60よりも向上している。現在の人口を維持できる指標である２・07には届かないが、日本が１・４

に留まっているのに比べればよく改善されていると言えるだろう。

エコシステム

「それにスウェーデンは富裕層に優しい国でもあるんだ。たしかシンガポールでも話したけど、スウェーデンは相続税を廃止してるんだぜ。富裕層が税金対策のために海外に逃げてしまったら結局税収が下がってしまうということが分かっているのさ。日本も見習って欲しいよ、ホント」

サクラは手を組んで何か考えてからまた言った。

「これは俺の勝手な感想だけど、スウェーデンは持続可能な仕組みって気がするなあ」

「持続可能！」

ノルウェーでピエールから散々この単語を聞いたので、美令はのけぞってしまった。

「なんだよ、君に持続可能性の話なんてしたっけ？」

美令は笑いながら顔を横に振った。

出生率

	1996年	2016年
スウェーデン	1.60	1.85
日本	1.43	1.44

出典：世界銀行 Fertility rate, total

「ああそうだった。タクミにSDGsの曲書いてって言ったの、美令ちゃんなんだってな。あいつ結構やる気になってるみたいだよ」

「ホント？　よかった」

「あいつ、社会貢献とかそういうの好きだからな。いい曲書くんじゃないいか」

P:ste の歌詞には社会への強いメッセージが込められているものが多い。インディーズ時代の代表曲〝RANBU〟も閉塞する時代を自分の力で突破しろという内容だ。

　サクラは、話を戻した。

「スウェーデンはうまく循環する

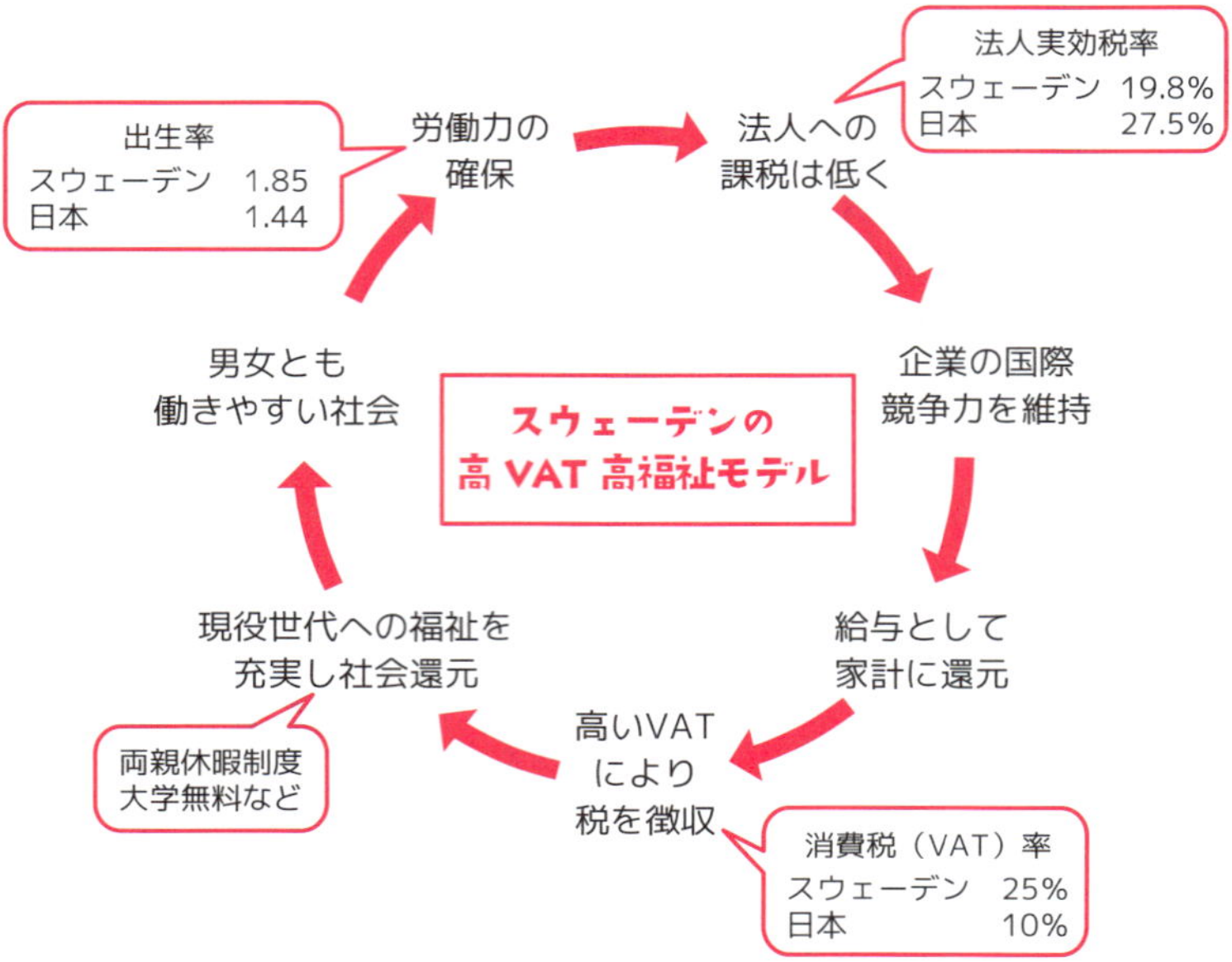

出所：独立行政法人労働政策研究・研修機構、OECD の数字を基に著者作成

エコシステムを作り上げたって気がするんだ」

「エコシステム？　環境にいいシステムのこと？」

「そうじゃないよ。持続可能な活動ができるように物事が循環してぐるぐる回っているってことさ」

エコシステムは、もとは生態系を意味する科学用語だが、最近はＩＴ・経済用語として使われている。自然界の生態系がそうであるように、いろいろな人や企業が集まって関連し合いながら効率的に収益を上げ、循環することで持続可能になる仕組みのことをいう。たとえばロンドンで美令が学んだビットコイン型のブロックチェーンも、マイナーと呼ばれるビットコインネットワークの参加者がプルーフ・オブ・ワークという報酬を得るために仮想通貨の送金といった情報を正しく台帳に書き込んでいくエコシステムが確立している。

「スウェーデンは生活しやすい国だというイメージがあるけど、そういう仕組み作りがうまいのかなあ。なんで日本はそうならないの？」

「スウェーデンは１人あたりＧＤＰも労働生産性も日本より上だしな。ただ規模も考えないと不公平だぜ。スウェーデンは人口１千万人で日本の10分の１以下だろ。何をやるにしても国民の合意が取りやすいんだろう」

サクラの鼻歌

サクラは店の外に出て、風に当たった。

エドガーとカールが経営するジャズバーには彼らの友人たちが集まり、楽しいひと時を過ごすことができた。

今はボーカルをしているが、小さい頃からピアノとバイオリンを習ってきたこともあり、ロックに限らずクラシックやジャズも含めて音楽という音楽すべてが好きだ。

今夜は地元のジャズバンドと簡単なセッションをしたり、スタンダードナンバーを歌ったりして楽しんだ。本当はもっと歌いたかったが、美令に「喉をいたわって」と言われて自制した。あの子もバンドのスタッフらしくなったなと感心した。

しかも、SDGsの曲を作れとタクミに進言したというから驚きだ。

(成長しているな……)

何かきっかけがあったのか、美令が自ら成長しようとしているのが、ひしひしと伝わってくる。

今日1日をとっても、へたくそな英語を駆使しながら、親しみとあつかましさの境界線をしっかりキープし、エドガーたちと親交を深めている。「知りたい」「理解したい」そうした姿勢は、二人にも通じているようでよかった。

たかだか2カ月弱でも、人はこんなに変われるんだなと感動さえ覚える。

そして、自分にも思いを馳(は)せてみた。

フィンランドのライブが中止になって金銭トラブルが生じ、P:steのこれからが暗礁に乗り上げた時、サクラの頭には3つの選択肢があった。

ひとつ、親に頼んで資金援助をしてもらう。

ふたつ、今の形態に見切りをつけて、タクミと二人で新たなメンバーを探し、リスタートする。

みっつ、今の4人で苦境を乗り越え、イチから出直す……。

どんな結論になろうが、自分は自分。そう考えてことの成り行きを見ているつもりだった。

想定外だったのが、誰一人、沖川原さえもサクラの家の金をあてにしなかったことだ。

これまで知り合った大概の連中は、サクラを金の成る木として見ていたから、今回それがなかったのは意外だった。

タクミとケンタがドイツにいる時から何やら二人で画策しているのは気づいていた。P:steのこれからが云々とやっていたが、俺には関係ないことだと思っていた。ところがここにきて、あのマサルが軟化していることにも驚いている。今日の公園だって、まさかあいつが輪の中に入ってくるとは思いもしなかった。いったい何があったんだ。

「まったく……調子が狂うっつーの」

酔い覚ましの心地よい風に吹かれながら、サクラはあれこれボヤきまじりにつぶやきながら歩いていた。

「でも……悪くない」

サクラはコートジボワールあたりから、ライブが楽しくて仕方なくなっていた。以前は、上を目指す手段だと思っていたが、最近は、ライブそのものが楽しくなってきていた。こういう感覚は初めてだった。必然的に歌うことも楽しくなる。

「……ダンシンクイーン♪」

気持ちよさそうにしばらく鼻歌まじりに歌い続けた。

解説

税金

国が個人や法人から徴収する税金は、日本ではおよそ60兆円です（２０１８年度予算）。内訳は個人の所得税が３０．９％、法人の所得税（法人税）が２３．６％、そして消費税が４０．２％となっています（国税のみ）。すでに消費税は国の税金の主要な割合を占めるまでになっています。

消費税は取引をする都度、自動的に徴収されてしまうのがミソです。しかもその税額を国に納めるのは、税を負担する最終消費者ではなく、モノやサービスを提供した事業者であるという点も、税金を徴収するコストという面で非常に優れた制度であるといえます。

このように税金を負担する義務がある人と実際に納める人が異なる税金を**間接税**といいます。これに対し所得税は**直接税**といいます。

間接税は所得の高低に関係なく同じ税率を負担するので不平等感が生じやすいという欠点がありますが、直接税である所得税と組み合わせることで、バランスの取れた税金システムを目指そうとしています。

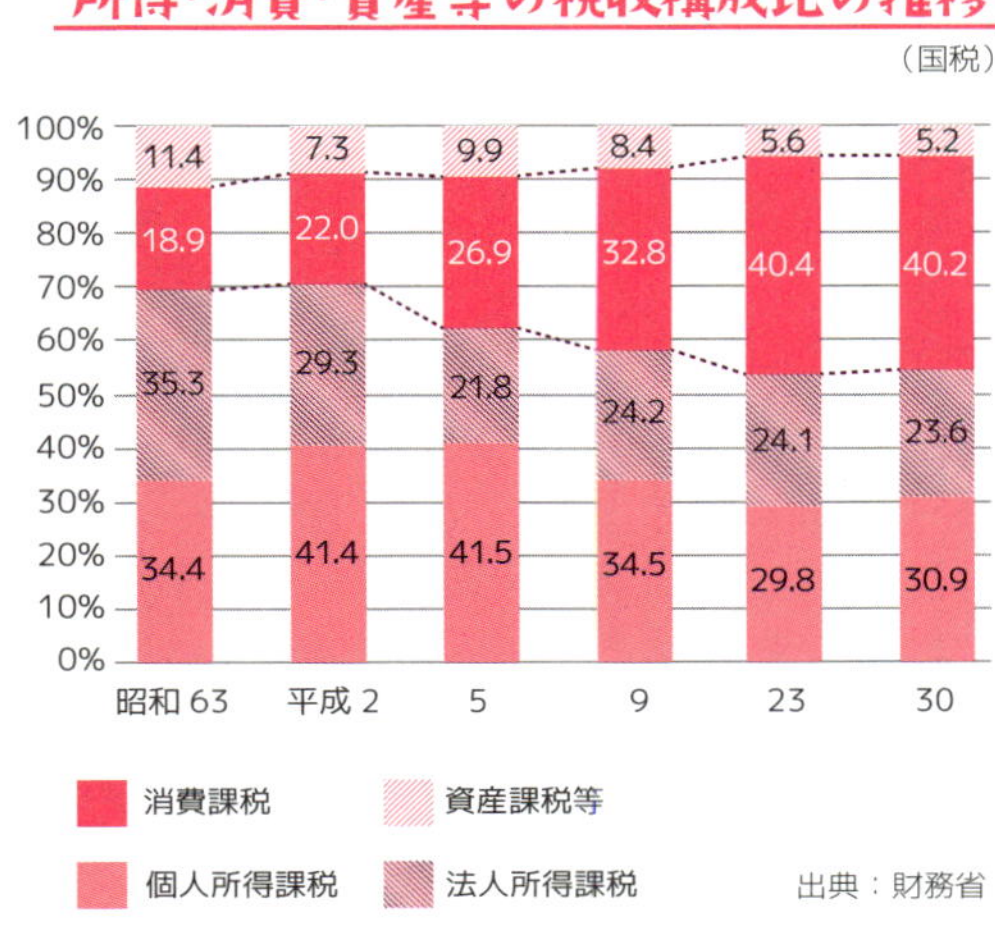

CHAPTER

05

CHINA / 中国編

1人あたり GDP ランキング 76 位

	人口	GDP	1人あたり GDP
2007年	13億1,790万人	393兆円	30万円
2017年	13億8,640万人	1,322兆円	95万円

QRコードとキャッシュレス

ストックホルムでのライブを終え、次の会場である中国・上海へ入った。

東南アジアとヨーロッパでのツアーを通して、P:steメンバーが自信をつけてきたことは、間近で見ている沖川原にはひしひしと感じられたが、ここ上海ではほとんど名前が知られていない。中国ではYouTubeに規制がかかっており、正式には見ることができないのが痛い。それでも沖川原が上海ツアーを入れたのは、やはりこの巨大市場を肌で感じておきたかったからだ。

今夜はP:steのステージはなく、沖川原が日本に一時帰国していたときに、知り合いの事務所からチケットを入手した日本人アイドルグループのライブを観に行くことになっている。アイドルとロックでまったく分野は異なるが、日本の音楽に対して中国人がどのように反応するのか、メンバーたちに知っておいてもらいたくて、沖川原がセッティングした。

ライブまで時間があるので、ホテルの近くにある南京東路で食事を済ませることにした。

まだ夕方だったが、街は人と光で溢(あふ)れていた。食べ歩き用にテイクアウトできる店がたくさんあり、行列ができている店もある。美令はそこで、小吃(シャオチー)と呼ばれる軽食を買うことにした。歩いている人たちの多くが片手に持っている点心のようなメニューだ。

「みんなスマホで決済してるね」

支払いはほとんどの人がスマホのＱＲコードを見せて済ませている。現金やカード払いの人は、明らかに観光客だ。

中国ではWeChat Pay(ウィーチャットペイ)やアリペイというスマホ決済アプリが普及しており、２０１７年末時点でのアリペイのユーザー数は5億2千万人に及ぶ。アリペイは買い物だけではなく、タクシーやホテル予約、映画チケットの購入、公共料金の支払い、病院の予約、振込みや資産運用商品の購入、そしてお年玉までもが一つのアプリで行うことが可能な、まさに『スーパーアプリ』となっている。

それぞれ好きなものを注文して、先頭に並んでいたサクラが50元紙幣を出すと、店員にお釣りが無いので現金はダメだと手を横に振られた。

「私がスマホ決済でまとめて払います」

美令は現地のコーディネーターから今回の滞在中に使う費用をまとめて払うためのスマホを受け取っていた。WeChat Payやアリペイなどは、海外からの観光客は利用することができなかったり、チャージに手間がかかったりするので、用意してくれたのだ。

かわいい紙袋に包まれた小吃は作りたてで、生地の中に挽肉（ひきにく）がぎっしり詰まっている。

「わー、生地がサクサクしていておいしいー」

食べながら歩いていると、フルーツティーを売っている露店が目に入った。喉が渇いたので美令はみんなから離れてひとつ注文すると、店に貼ってあったQRコードを読み込んでスマホで決済した。

みんなの元に急いで戻ろうとすると、店主が追いかけてきて「お金払ってないよー」とたどたどしい日本語でまくし立ててきた。美令はスマホ決済したことを伝えようとしたが、うまく伝わらない。困っていたところに、タクミが来てくれた。

店に戻って屋台に貼ってあったQRコードを示して、

「ここのQRコードを読み取って払いました」

と美令が話すと、「やられた！」と店主は頭を抱えてしまった。

このQRコードは店のものではなく、誰かが勝手に貼ったものだという。偽のQRコードを読み込んで確認ボタンを押してしまうと、偽物を貼った犯人の口座に送金されてしまうのだ。

「偽のＱＲコードを貼るという手口は、日本でもＱＲコードの欠点として危惧（きぐ）されています。やられましたね」

「中国、ＱＲコード進んでる。たまに偽物もあったりするけど、それ普通じゃない。だから悪く思わないで」

店主は、せっかく日本から来てくれたのに嫌な思いをさせて悪かった、お金はいらない、と逆に謝ってくれた。

ＱＲコード決済の仕組みは、①支払者が自分のＱＲコードをお店のレジで読み込んでもらい支払うか（利用者提示型）、②お店のＱＲコードをスマホで読み取って支払うか（店舗提示型）、の２通りがある。いずれも、あらかじめチャージした自分の電子マネーを相手の電子マネー口座に「送金＝付け替える」ことで代金の支払いが完了する。

銀行口座やクレジットカード会社を通さず、直接買い物客がお店に送金できる仕組みとなっているのだ。この基本的な仕組みは、LINE Pay や PayPay などの日本のスマホ決済アプリも同様だ。

ＱＲコードとは日本のデンソーがバーコードを改良して開発したもので、Quick（クイック）

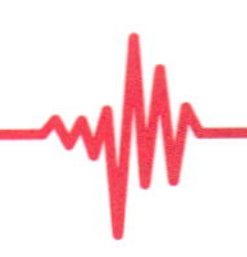

Response（レスポンス）の略である。縦と横の情報があるため2次元コードと呼ばれる。2次元コードにはQRコードの他にも、DataMatrix（データマトリックス）、Aztec（アズテック）コードなどいくつかの仕様がある。

「簡単便利、しかも安心。これが一番ね」

キャッシュレス化が60％と日本（18％）の3倍普及している中国では、都心部では街角から現金が消えていると言われる。その理由として、偽札が多いことや銀行振込が発達していないからという点が言及されている。

「偽札の心配もあるけど、それより便利だから使う。単純な理由ね」

偽札が多いことが致命的に不便だというよりも、アリペイなどのアプリが、使う側にとって圧倒的に便利であり、それが利用者が増えた理由だという指摘もある。

スマホ決済を採用する店舗にとっても、手数料が安く、しかも資金が直接自分の口座に『送金』されるシステムであることが、普及の理由となっている。クレジットカードの場合は、クレジットカード会社から売上が入金されるのは1カ月後など時間のズレがある。

「日本でもスマホ決済はいろいろと登場し、乱世の時代ですよね」

「アリペイ、店舗側の決済手数料タダだったり、あっても1％以下よ。だからみんな喜んで導入する」

「なぜ手数料がそんなに安いの？　アリペイもコストがかかっているはずなのに」

美令は、素朴な疑問として店主に質問した。

「ビッグデータだと、みんな言っているよ」

「ビッグデータ……ですか」

アリペイのような決済サービスをお店が利用する場合、普通であれば手数料がかかる。クレジットカードの場合、通常3％〜5％が手数料としてかかり、千円のものを売っても手取りになるのは950円になってしまう。

これに対してアリペイの手数料は無料だったり、あっても0・3％と格安だ（中国国内のみ）。日本でもPayPayなどが期間限定で決済手数料を無料にしているが、これは普及促進を目的に費用を会社が負担しているためである。

スマホ決済を使うと、誰が、いつ、どこで、何を、いくらで買ったのかが、データとして残る。この情報を集めて、ビッグデータとして利用することが大きな目的の一つとなっている。たとえばアリペイは、お金の貸付などの信用情報としてビッグデータを利用している。

「キャッシュレスって、ビッグデータの獲得競争でもあるんだ……」

デジタルディバイドと人違い

先を歩いていたサクラたちに追いついて、偽のＱＲコードのことをみんなに話していると、まわりに人が集まってきて、こちらを見ていることに景子が気づいた。

「もしかして、P:ste って中国でも人気だったりするの？」

景子がサクラに耳打ちすると、納得したように大きく頷く。

「世界の人気者はたとえ中国といえどもＳＮＳであっという間に広まるってことかな」


一人の男性が近くに寄ってきた。その男はサクラを目指して歩いてくるように見える。サクラもそう思ったらしく、余裕の笑顔を浮かべながら握手しようと少し両手を前に出したのだが、その男はサクラを通り越すと、美令に日本語で話しかけてきた。

「アイドルのミオンさんですよね」

「ミオン？　違いますけど……ミオンって誰？」

あっという間に周りにいた人たちが美令を取り囲んだ。ほとんどが男性でみんな美令のことをミオンと呼びスマホで写真を撮ろうとした。

「〝ＦＵＪＩ娘〟のミオンのことみたいだ。俺たちがこれからいくライブの主役だよ」

沖川原が叫ぶ。

「どうやら、美令をそのアイドルグループの一人と間違えているらしいよ」

「マジですかーー？」

P:ste のメンバーたちは美令に集まってきた群衆に弾き飛ばされる格好で輪の外に追いやられた。

「なんじゃ、こりゃ？」

サクラが驚いていると、リーダーのタクミが冷静に状況を判断する。

「人が多すぎて危険だ。まずは美令ちゃんを助けよう」

「俺が行ってくる」

ケンタが太い腕で群衆の間に割って入って美令の手を取り引っ張り出した。

その間にマサルが脱出ルートを探してこっちだと両手を大きく振っている。日本で言えば国道のような車道へ向かって全員が走った。

マサルの元へ集まったみんなが後ろを振り返ると、数人が追ってきている。

「タクシーを拾え！」

沖川原の指示で、走っているタクシーを全員が手を振って拾おうとしたが、どのタクシーも人を乗せていないのに止まらない。

「なんで止まらないんだよ！」

サクラが怒って飛び跳ねた。タクシーは次から次へと来るが、手を激しく振ってもどれも止まらない。

そうしているうちにも美令たちはゆっくりと囲まれてしまった。

「どうなってるの！」

迫りくる人垣を諦めたようにぼうっと見ているだけの美令に、沖川原が叫んだ。

「配車アプリだ！　美令、スマホの配車アプリだ！」

「あ、はい！」

スマホにあった滴滴出行（Didi Chuxing（ディディ チューシン））という配車アプリでコンサート会場であるメルセデスベンツアリーナを設定した。するとすぐに大型のタクシーが止まり、全員が乗り込むことができた。


「びっくりしたあ」

「はあ……なんだったのあれ」

「それより何でタクシー止まってくれなかったんだろう？」

「デジタルディバイドでしょうね」

タクミが言った。

デジタルディバイド(digital divide)とは、スマホのようなＩＴを利用できる人と、そうでない人に生じる格差のことをいう。ディバイドは『分割する』『分裂する』などの意味。**デジタル格差**ともいう。中国都市部でのスマホの普及率は93％を超えると言われているが、高齢者など持っていない層も一定数いる。また、タクシーの配車アプリの普及で、中国の都市部ではスマホで予約しないとタクシーが止まってくれないという現象も起きており、旅行者がタクシーを捕まえづらいという不満もある。

「そうか、配車アプリは便利だけど、それを使わない人とそうでない人を差別してしまう結果になるのね」

デジタルディバイドは、年齢的な問題だけではなく、地域、言語、慣習、学歴、所得によっても生じる。

「でも１００％すべての人に使えるようにするのって、現実的には難しいんじゃない？」

美令が言うと、タクミが大きく頷いて、答えた。

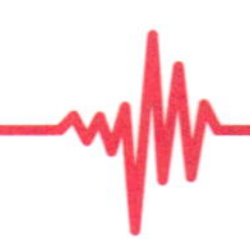

「誰一人取り残されないことが重要です……どこかで聞いたフレーズですけど」

〝誰一人取り残されない〟これはSDGsが目指している大きな目標だ。

「SDGsの曲を作っているうちに、この言葉が頭にこびりついてしまいました」

SDGsはすべての人を取り残さない**包摂性**（ほうせつせい）を重視している。このためデジタルディバイドは重要な課題となっている。

「上海はキャッシュレス化が進んでいますが、これも現金ではモノが買えなくなるというデジタルディバイドをもたらしていますね」

それを聞いて沖川原が大きく頷いた。

「俺も、現金主義だからな。現金という手段を使えなくするのは、どうかと思う」

単純にスマホやネット環境を使えない人達だけではなく、ITによって従来の手段・方法が使えなくなることは、多様性を排除するものだという批判も出てきている。

「俺が娘にカードを作らせなかったのは、現金の重みを知って欲しかったからだ。あいつが大学に入学した時も、入学金と授業料を現金で銀行からおろして、あいつに手で持たせた。これから入る大学はこの金の重みと引き換えに学べる場だ、だから励（はげ）めよ、って言ってね」

デジタルディバイドについての話題が一段落した時、タクシーの運転手が英語で話しかけてきた。

「もしかして、日本のアイドルグループの人かい？」

運転手も美令のことをミオンとか言うアイドルグループのメンバーだと思っているようだ。

ネットで調べてみると、どうやら日本のアイドルグループ〝FUJI娘〟のセンターを張っているのがミオンということらしい。

「微博(Weibo)に、ミオンが南京東路にいるとたくさん出てたよ」

運転手が言う。微博(Weibo)とは、中国版Twitterのような SNSアプリだ。

中国では特にミオンが大人気で、しかもメルセデスベンツアリーナでライブがあるため上海にファンが集結していた。そんなとき、ミオンが南京東路にいるという情報がSNSで出回り、美令を取り囲んだというのが真相のようだ。

SNSなどにより、物事を単純化した言葉が多くの人に共有される**レッテル貼り**が、大きな問題となっている。しかしいまのみんなは、美令が人気アイドルグループのセン

ターにどれくらい似ているかの方が気になるようだ。
早速みんなでミオンの写真を検索して、美令と見比べた。
「似てると言えば似てるけど……」
それほどでもないよね、という結論で話は終わった……はずだった。

CYCLE

その夜、〝FUJI娘〟のライブ会場に到着し、全員で楽屋に挨拶に行った。開演前なのでさっと済ます予定だったが、バックステージが何やら騒がしい。

「すみません。P:ste です」

タクミが手近なスタッフに声をかけた。スタッフは振り返ると、美令の顔を見て
「あーー!」と叫んだ。

周囲のスタッフたちも集まってきた。

「え、また？　今度は何？」

スタッフの話をまとめると、南京東路での騒動をファンのひとりが動画に収め、微博

にアップしたことから大騒ぎになっているらしい。
――〝FUJI娘〟のミオンが、男たちを引き連れて歩いていた
――集まったファンに塩対応で去っていった
といった具合だ。もちろんミオン本人もまったく身に覚えのない話だし、スタッフが動画を確認したところ、ミオンではないことは明白だ。
しかし、一度火がついた騒ぎは簡単には収まらない。困っていたところへ、動画に映っていた本人が登場したというわけだ。引き連れていた男たちというのは、いうまでもなくP:steのメンバーである。

先方のマネージャーが沖川原に相談してきた。

こうなったら、ステージに出て、誤解を解いてもらえないかということだ。

確かに、拡散の様子を見ても簡単には収まりそうもない。不可抗力とはいえ、自分たちの行動で〝FUJI娘〟たちへのファンの信頼を損なったのは事実だ。

「分かりました。メンバーと美令をステージに出して、説明しましょう。そうすれば納得するでしょう」

「ありがとうございます！」

「……その代わり」

沖川原は交換条件を提案した。

1時間後、ステージが始まり、数曲披露した後のＭＣコーナーで、美令たちはステージへと呼ばれた。ミオンがマイクを持って、ことの顛末を説明した。

モニターには問題の動画とステージ上の美令の顔が交互に映し出される。

（ああもう、帰りたい……）

美令はただただ赤面していた。

一通り説明を終えると、ミオンが声を張り上げた。

「分かってくれた人ーーー！　ア〜ユ〜ＯＫ？」

「おおおおおお！」

地鳴りのような歓声がサイリウムの光にのって届く。

そこへ、マイクを持ったサクラが前へ出た。

「オーケーーー！　シャンハイ、じゃあ、お詫びに俺たちから1曲プレゼントだ！」

と言って、P:steの４人がセンターに集まる。

突然の出来事に会場内がざわついたが、〝ＦＵＪＩ娘〟のメンバーたちが人差し指を口に当てて「シー」と言うと、会場はシーンとなった。

並んだ４人にライトが当たる。美令はそっと舞台袖に移動した。


「ワン、ツー」

ケンタが指を鳴らしてカウントをとる。

「La belle terre où nous sommes nés……♪」

サクラのよく通る声が会場に響き渡った。

聞こえるのはフランス語だ。

ゆったりとしたバラードで８小節、その後。転調して16ビートになり、英語の歌詞になった。バラード部分のフランス語は次にアップテンポに変わりサビを飾る。

楽器がないためアカペラだが、メンバーの手拍子や足踏みが、テンポをつける。

〝ＦＵＪＩ娘〟のメンバーたちがリズムにのって踊り出す。

会場からも手拍子が聞こえてきた。

最後、絶叫して終わると、割れんばかりの拍手に包まれた。

「俺たちP:steの新曲〝ＣＹＣＬＥ〟です。どこよりも早くここで発表しました！　よろしくね！」

もう一度大きな拍手。そして「P:ste！　P:ste！」のコールに送られてステージをあとにした。

沖川原が出した交換条件は、１曲披露させてほしいという内容だったのだ。

ステージ袖で一緒に見ていた景子が美令を見て言った。

「え、なんで泣いてるの？」

「だって……」

いま発表した〝ＣＹＣＬＥ〟は、美令の提案からできたＳＤＧｓを歌った曲なのだ。作っていることは耳にしていたけれど、まさかもうできていたなんて。しかも、こんなにいい歌だなんて。

「泣けるよ〜〜〜」

美令は景子に抱きついて、また泣いた。

解説

現金（通貨）流通量

日本はキャッシュレス決済の比率を2025年までに40％にすることを目標としていますが、これに反して現金（通貨）の流通量・発行高は増加しています。

2018年末での紙幣（お札）の発行高は110兆円ですが、2013年末では90兆円でしたので、5年で20％以上増加しています。

これは日本に限った現象ではなく、アメリカやユーロ圏でも同様で、キャッシュレス決済が浸透しつつも、現金需要も拡大しているという現象が世界でみられるのです。銀行に預けても金利がほとんどつかないことに加えて、紙幣がいまだに最も信頼できる資産だという考えが根強いことの表れといえます。

また災害やシステム障害などにより電子決済ができなくなった状況の場合、経済活動を維持するには現金が必要不可欠です。

AIやIoTが社会に浸透するためには様々な情報を効率的に集める必要があり、キャッシュレス決済はその情報収集の大きな手段なのですが、現物としての資産である現金の必要性も、しばらくは変わることがないのかもしれません。

紙幣発行高（兆円）

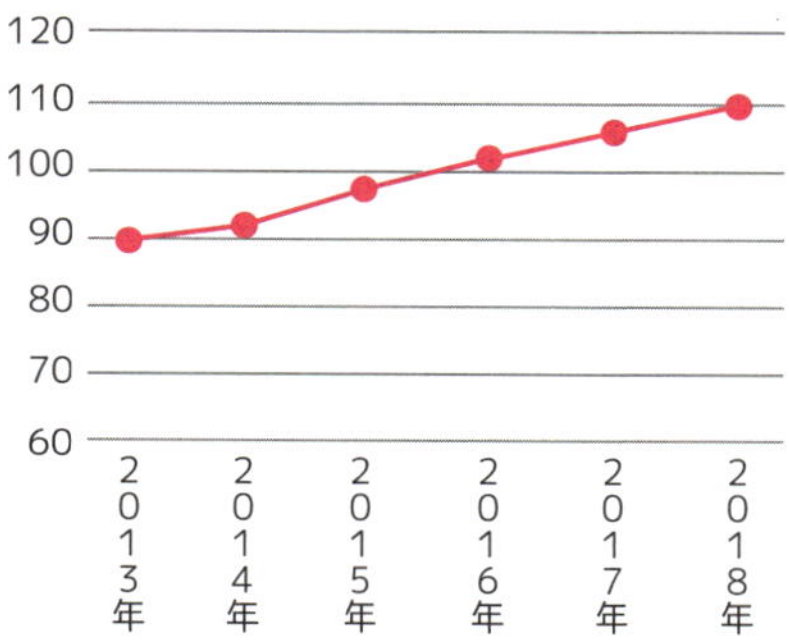

（出典：日本銀行）

QRコード決済

日本のＱＲコード決済は、ドコモのｄ払い、楽天の楽天 Pay・Yahoo! とソフトバンクの PayPay・LINE の LINE Pay などに加えて、２０１９年３月からはメルカリのメルペイが加わり、同年７月からはファミリーマートのファミペイがスタートしました。

アリペイと WeChat Pay の２強の中国に対し、日本はいままさに、ＱＲコード決済の戦国時代を迎えています。そのため各社とも普及を目的に期間限定で加盟店（お店）の手数料を無料にしているところも多くあります。

このように日本では複数の企業からＱＲコード決済が提供されているため、使う側にとっても、導入する店舗側にとっても利点だけでなく、問題点も指摘されています。

たとえば各社のＱＲコードが独自仕様だと、その仕様に対応したレジ端末が必要になります。店舗からすると、端末のコストが発生しますし、それ以上に決済のオペレーションが面倒になります。

スマホ決済は現金を持たずに手軽にスピーディーに使えることが便利なはずなのに、レジの担当が慣れていないため、逆に時間がかかってしまうという本末転倒な事例も発生しています。

そこで日本ではＱＲコードの統一基準を目指し、産学官コンソーシアムが「コード決済に関する統一技術仕様ガイドライン」を公表しました。この規格に準じたＱＲコードがＪＰＱＲとなります。総務省では、２０１９年８月１日からＪＰＱＲの普及に向けた実証事業を開始しました。

CHAPTER

06

AMERICA / アメリカ編

1人あたり GDP ランキング8位

	人口	GDP	1人あたり GDP
2007年	3億120万人	1,590兆円	527万円
2017年	3億2,570万人	2,143兆円	658万円

P:steメンバーは、今回のツアーの最終公演予定地であるアメリカのシアトルに降り立った。出国ゲートを出て、タクシー乗り場を探していると、20代前半くらいの男性三人組が声をかけてきた。

「もしかして、P:steのみなさんですか?」

フランス語である。アメリカ旅行に来た学生のグループらしい。

「そうだけど……」

タクミがフランス語で返すと、3人は歓声を挙げた。

「〝CYCLE〟を聴きました！　素晴らしいです。フランス語をロックにしてくれてうれしいです！」

Tシャツにサインして欲しいと頼まれたので、代表してサクラが書くことにした。

感無量といった様子で去っていく三人組を見つめながら、美令がつぶやく。

「まさか、アメリカに来てまでフランス人に歓迎されるとは……」

上海の〝FUJI娘〟のライブでサクラが〝CYCLE〟を歌った動画が、観客の誰かによってSNSにアップされ、あっという間に拡散された。歌詞が英語とフランス語ということもあり、中国や日本だけでなく、世界中にじわじわと浸透しているらしい。

例のライブの翌日から、上海でのP:steの知名度は若者を中心に急上昇。食事をしていても、移動しようとタクシーを待っていても声をかけられ、サインを頼まれるといった状況だった。

ただ、それは上海だけの話だと思っていたが、まさかシアトルで、しかもフランス人に声をかけられるとは予想外の出来事だった。

(ホテルについたら、ちゃんと調べてみよう)

美令はわくわくした。


「まあ、でもまずはラストライブに集中だ。アメリカはヨーロッパとはまた違う、ロックの聖地だからな」

沖川原が喝を入れたが、同じく浮足だつ自分に言い聞かせているかのようだった。

「うぉおおお！」

大きく手を広げてサクラが叫んだ。

(あいかわらず子供ね)

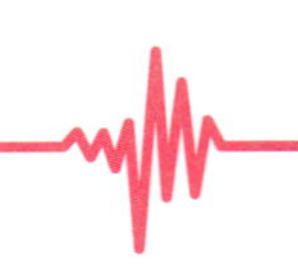

美令は心の中で突っ込んでみたが、サクラの気持ちは分かる気がした。

何かが大きく動き出している予感に、いてもたってもいられないのだ。きっと。

シアトル中心部のホテルに到着すると、サクラが近くにあるレジなしコンビニ、Amazon GO を体験したいと言いだした。小腹が減っていたので買い物ついでに全員で行くことにした。

Amazon GO は、まずスマホの専用アプリに表示される2次元コード（Aztec コード）を入り口の端末にかざして入場する。あとは好きな商品を自分のバッグに入れるだけで、レジを通すことなく、そのまま出口から出てしまえば自動的に課金され、スマホにレシートの通知が届く仕組みとなっている。

「1つのコードを何回も読み込めば何人でも通過していいんだってさ。ここの支払いは俺がするよ」

そこで美令たちは、サクラのスマホを使って順々にゲートを通過して入場した。買い物客が何を買ったかは、天井に取り付けられている無数のカメラと、商品棚の重量センサーによって判定している。この情報はＡＩによって管理され、人々が利用すれば利用するほど精度が上がっていく。

しかし無人コンビニではなく、商品を運んだり整理したりする店員は店内に何人もいる。人の省力化よりも、レジ待ちをなくして、いかに手軽に快適に買い物ができるかを追求したコンビニという感じだ。

みんなで買いたいものをバッグに入れ、ゲートを通って外に出た。

すぐにAmazonから金額の通知が来た。確認ボタンを押すと精算が確定する。

GAFA規制

7人は近くの公園で、買ってきたものを広げて食べることにした。

「レジで清算もしないで商品を持ち出せるなんて、なんか快感じゃね。自分の家の冷蔵庫から持ってきたみたいだ」

サクラが気持ちよさそうに言う。美令も同意した。

「一度こういうのを味わっちゃうと、レジに並ぶのが耐えられなくなっちゃうかも」

「でも、もうすぐ現金払いも対応予定だってニュースに出てたの知ってる？　何でだろう？　レジなしでキャッシュレスだってとこが一番のメリットなのにね」

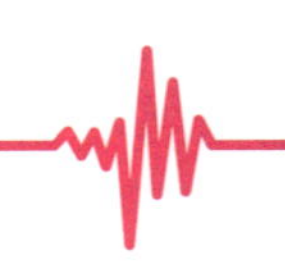

景子が言うと、沖川原が答えた。

「差別批判があったからだな」

アメリカではAmazon GOに対して、現金しか使えない消費者に対する差別だという批判があったため、2019年8月より現金払いも開始している。

「ああ、デジタルディバイドね！」

中国で聞いた話を美令は思い出した。

「Amazon GOは買い物するとクレジットカードから引き落とされる仕組みだから、アプリの登録の時にクレジットカードが必要なんだ。でも銀行口座を持てずクレジットカードを作れない人たちから不満が出ているらしいよ」

アメリカでも銀行口座を持たない世帯は、2017年で6・5％（850万世帯・1410万人の成人）あり、その多くは貧困層である。完全キャッシュレスの店はこの人達を買い物から追い出す結果となる。このため貧困層は買い物ができないという批判につながり、ペンシルベニア州フィラデルフィア市ではキャッシュレス決済のみ受け付ける店舗の禁止条例が成立し2019年7月から施行された。これに追随する州も出てくるといわれている。

「Cash Free（現金お断り）は、禁止ってことか。スウェーデンとは真逆ね」

そんな美令の冗談のような言葉に、マサルは首を傾げる。

「銀行口座を持たなくても、アメリカはペイロール・カードがあるから、現金お断り問題は解決できる気がするけどなあ」


アメリカには、銀行口座を持たない人向けに、**ペイロール・カード**という、給料支払用のプリペイドカードがある。給料を現金ではなく、電子マネーとしてペイロール・カードに毎月チャージする方法だ。このペイロール・カードには、VISAやMASTERなどの国際カードブランドがついており、カード社会のアメリカではどこでも使える。


「銀行口座だけの問題じゃなく、GAFA包囲網ができあがりつつあるのかもなあ」

タクミの口から出た〝GAFA（ガーファ）〟は、シンガポールでサクラに聞いたから美令にも分かる。Google・Amazon・Facebook・Appleの4社はいずれもプラットフォーマーであることが共通点だ。

プラットフォーマーとは、たとえばスマホアプリ向けのAndroid（Google）やiOS

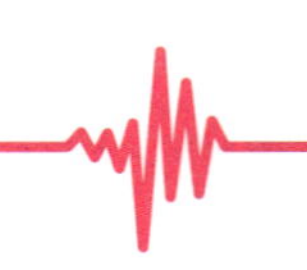

（iPhone）のように、サービスの基盤を、ユーザーやサードパーティー（他社）に提供する事業者のことをいう。Amazon もEC（電子商取引）により他者の商品を販売する意味でプラットフォーマーであり、Facebook も広告を提供するプラットフォーマーである。ここに映像のプラットフォーマーである Netflix を加えて FAANG（ファング）という言い方もする。

「GAFAは世界の情報や富を独占しつつあるからな。これに対する批判も多い」

この4社だけで時価総額が300兆円を超え、日本のGDP536兆円にも迫る巨大企業は、利益を独り占めしすぎているという批判がある。またその影響力が大きすぎて、Amazon のために全米各地で小売店が閉鎖に追い込まれるアマゾン・エフェクト（効果）や、Facebook のフェイクニュース（偽ニュース）など様々な問題が生じ、GAFAを規制すべきであるという主張が強まっている。

「GAFAの時価総額だけで日本のGDPが追い越されそうなんて……。なんでたった4つの企業に世界は支配されたの？」

美令のシンプルな問いにマサルがしばし考えて口を開いた。

「今はみんながSNSでつながって、モノやサービスを選ぶ時は、他人の評判や動向を気にするだろう？　だからネットワーク効果で一人勝ちが生まれやすいんだ」

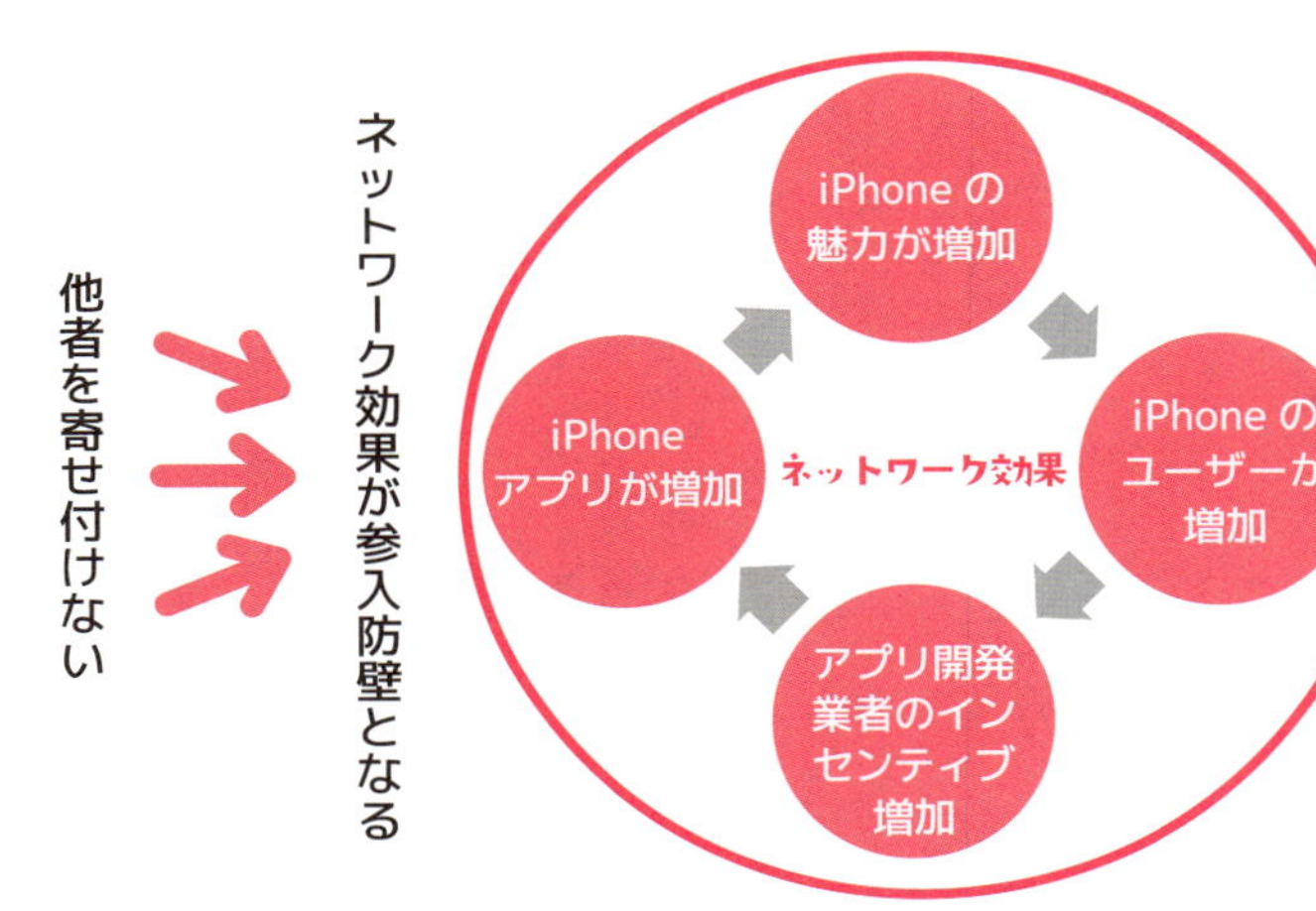

ネットワーク効果とは、同じサービスを使っている人が増えれば増えるほど、そのサービスの価値が高まっていき、それがさらにユーザーを増やす結果となることだ。

たとえばiPhoneを使っている人が増えれば増えるほど、そのユーザーを目当てにiPhoneアプリを開発する企業が増えてくる。それによりiPhoneの魅力が増し、さらにiPhoneを購入しようとする人が増えるという好循環をもたらす。この循環がいったん生まれてしまうと、たとえばマイクロソフトのWindows Phone(ウィンドウズ フォン)のような新しく登場したサービスへユーザーを誘導することが非常に難しくなる。つまりネットワーク効果は、一種の**参入障壁**(ある産業に新たに参入しようとする企業にとって参入を妨げる要因）となるのだ。このため、Apple や Google のように一人勝ち社会となる。

「特にミレニアル世代はみんな我先にとバンドワゴンに乗ろうとするからなあ」

沖川原が揶揄（やゆ）するように言った。

人気が出れば出るほど、それを買いたい、使いたいと思う人が増えることを**バンドワゴン効果**という。バンドワゴンとは、パレードの先頭を行く音楽隊を載せた馬車のことだが、英語で〝jump on the bandwagon（ジャンプ オン ザ バンドワゴン）〟という表現は、流行に乗る、勝ち馬に乗る、というような意味になる。ネットワーク効果は流行に乗りたいと思う人のバンドワゴン効果も影響しているといえる。

Amazon GO で買ったものを食べ終わり、ホテルに帰ろうと立ち上がったとき、美令のスマホが鳴った。ピエールからだった。

「美令さんたち、いま、シアトルですよね」

「そうよ、明後日がライブなの」

「実は僕もアメリカにいて、ニューヨークの国連会議に合わせて、ラジオに出演するんです」

「そうなんだ！　どこかで会えるといいわね！」

「お願いがあります。P:steのメンバー、ラジオに出てくれませんか？」

ニューヨークのラジオ局が制作する番組にゲスト出演し、〝CYCLE〟の制作秘話を話してほしいというオファーだ。

〝CYCLE〟はSDGsを歌った曲で、もともとはピエールの言葉からヒントを得て生まれた曲だ。

P:steは2日後にニューヨーク公演が予定されており、その昼間であれば出演する時間はあるし、大きな宣伝にもなる。沖川原に話すと、大きく頷いた。

「よろしくお願いしますと伝えろ」

沖川原は美令の肩を叩いた。

ケンタの覚悟

シアトルのライブは、これまでにない盛り上がりを見せた。アンコールを2回終え、ステージの袖に戻ってきたケンタは、震える手を握りしめた。

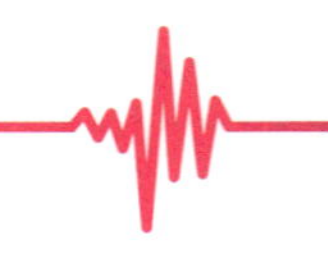

「ヤバい……」

ライブの熱狂はこれまでにもあった。でも、今回のは違う。

あれほどセットリストの変更に頑(かたく)なだったタクミが、できたばかりの〝CYCLE〟を組み込んだことが大きい。上海でのパフォーマンス動画は自分たちの予想以上の反響となり、ここシアトルの人たちにも広く伝わっていた。YouTube発のバンドとして世界デビューを果たしたものの、一部のコアなファンにしか知られていなかったP:steは〝CYCLE〟によって殻(から)をやぶったのだ。

そのことを今回のライブで大きく実感することになった。観客の熱量、期待感。そして〝CYCLE〟が始まったときの、会場の割れんばかりの歓声……。

こみ上げる高揚感をどう扱っていいか分からず、ただ震える手を握りしめるしかない。他の連中もそれぞれ感じているはずだ。叫び出したいくらいに。

バックステージで汗を拭いながら、ドイツからの1カ月ほどのことを思い出す。

――タクミにP:steの今後のことを提案したこと
――金銭トラブルで存続の危機に直面したこと
――コートジボワールでP:steを続けられると聞いたときのこと

――ベルゲンのホテルの部屋に４人集まり、意思統一を図ったこと
――その翌日、タクミがＳＤＧｓの曲を作ると言い出したこと
（それはどうやら美令が持ってきたアイデアだと聞いて驚いたこと）

タクミはメンバー全員を自分の部屋に集めると、ＳＤＧｓのキーワードから沸いたというフレーズをいくつか口にし始めた。曲作りの構想段階から集められたのは初めてで、どのメンバーもとまどっていたのだが、タクミのフレーズにいつの間にかマサルがギターでメロディーを紡ぎ出す。

「いいね」

タクミが詩にフランス語を入れようと提案した。P:ste の歌は基本的に英語で、サビだけ日本語というのがパターンだったが、サビをフランス語にしたいというのだ。コートジボワールで会ったマダムのアドバイスが頭にあった。

「ＳＤＧｓの考え方とフランス語の響きって親和性が高いんだ」

ということらしい。

ケンタもスティックでテーブルを叩き、リズムをとった。マサルのメロディーと重なる。

「それいただき！」

タクミがケンタの即興を広げて曲として紡いでいくと、サクラがアカペラで歌い始める。

「アカペラもありだな」

その歌声を聞いて、またタクミがインスピレーションを詞やギターで伝えると、マサルとケンタが言葉やリズムを生み出していく。まるで即興のセッションのように4人で1つの曲を作り上げていった。

タクミがあんなにみんなの意見を尊重したのは初めてじゃないだろうか。あの『クール P:ste 戦略』の効果だろうか。

アレンジも含めると制作過程でぶつかることはあったが、ひとつの目標に向かう議論は、これまでの自己主張のぶつかり合いとはまったく違う。

こうして〝CYCLE〟は完成した。SDGsから派生した地球への愛を表現した P:ste の新しい世界観だ。

時を同じくして、ケンタは P:ste に変化を感じていた。

もともと聴く人に中毒性をもたらすようなサクラの声質に、ここにきて深みが増している気がする。特に〝CYCLE〟のボーカルは、曲のスケールと相まって高音が際立っているのだ。そして、優しさのようなものが加わった気がする。

そして、マサルだ。

ドラムとベースは共鳴しあう。マサルのベースはよくいえば正確無比、確かにうまいのだが、そのままいえば教科書通りで味気ないといった印象だった。ベースの特性を考えれば大きな問題はないものの、サクラは物足りなかったようだ。

それが、最近変わった。リズムの正確さはそのままに、熱さが加わったというか、エモーショナルになってきている。ドラムを叩くケンタにはその変化は顕著だ。いや、きっとサクラやタクミも気づいているに違いない。

改めてマサルに言ったことはないが、マサルの心を動かす何かがあったのかもしれない。以前までの、P:steのこともどこか他人事で冷めていた彼の姿は、もはやどこにもいなかった。


そういうことなら、自分もうかうかしていられない。偶然なのか必然なのか。いま、P:steは飛躍のときを迎えている。このタイミングで及び腰になってはいけない。

(親父、ごめんな。工場は継げそうもないや)

今は余計なことは考えず、前へ向かっていこう。

ESG投資

2日後、美令たちはニューヨークのタイムズスクエアでピエールと落ち合った。

初めてP:steに会ったピエールは興奮していた。

「CYCLE、聞きました！　感動しました！　名曲です！」

ピエールの話をきっかけに誕生した、SDGsをテーマにした〝CYCLE〟は、上海ライブの前日にできあがった。ライブの練習中に早速音録りをして、ピエールに送っておいたのだ。ピエールは同時期にSNSで拡散されていたアカペラヴァージョンも耳にしていた。

「私、国連の取材に来ました。ラジオでその話をします。そこで〝CYCLE〟、生演奏してもらえませんか」

「4人全員で納得いくまで作り上げたから、いつでもOKだぜ」

打ち合わせを兼ねたランチを済ませると、練習のために4人はスタジオへ向かった。

残された美令とピエールはカフェに入った。

「私は、明日の朝、国連の取材に行きます」

ピエールは精力的に動いているようだ。

「ラジオ収録の前に国連？　何の取材なの？」

物珍しさに付いていきたいなと思いながら美令は尋(たず)ねた。

「PRIの部会を取材しに行きます」

「国連のためのCMか何か作るの？」

「PRではありません、PRIです。投資のための原則のことです」

PRI(Principles for Responsible Investment)(プリンシプルズ フォー レスポンシブル インベストメント)とは、日本語では**投資責任原則**と呼ばれ、国連が2006年に発表した機関投資家が守るべき投資原則のことだ。
機関投資家とは投資ファンドや証券会社、銀行など、個人や企業から預かった莫大(ぼうだい)なお金を元に株式などで運用する機関である。
「PRIもSDGsに大きく関わっています」
機関投資家がこのPRI投資責任原則に署名すると、どこに投資するのかを考えるときに、その投資先企業がESGをどれだけ考慮しているかを判断材料に入れることをコミットメントすることになる。**ESG**(イーエスジー)とは、環境(Environment)(エンバイロメント)、社会(Social)(ソーシャル)、企業統治(Governance)(ガバナンス)の3つの頭文字で、企業が持続可能で長期的な成長を実現するためには、この3つの観点が必要だという考えに由来している。

「日本の機関投資家もたくさん署名しています」

日本の機関投資家としては、GPIFを始めとして、かんぽ生命保険、三井住友信託など2018年12月現在で68社が署名している。これは世界では10位に当たり、1位はアメリカの422社、2位イギリスで345社、3位フランスで200社となっている。

「環境問題とか男女平等みたいな社会問題を経営に取り入れている会社に投資するってこと？　その会社が社会貢献しているかを判断して投資するってことよね。それで儲かればいいけど、損したら逆に大変じゃない？」

「ESG投資は決して、社会貢献という倫理的な目的だけのものではありません」

環境問題を無視した企業は生き残れない。

働き方改革や女性進出を軽視した企業には優秀な人材が来ない。

不祥事を起こすような経営体制の企業には投資が来ない。

つまりESGを軽視した企業は持続可能性に疑問があるのだ。だからこそ機関投資家は、リスク管理の観点から、投資先がESGを重視しているかをウオッチする必要がある。

「具体的に、ESG投資ってどうやってやるの？　その会社がESGに積極的だとか、誰かが調べているの？」

「金融サービスの会社が情報を提供しています」

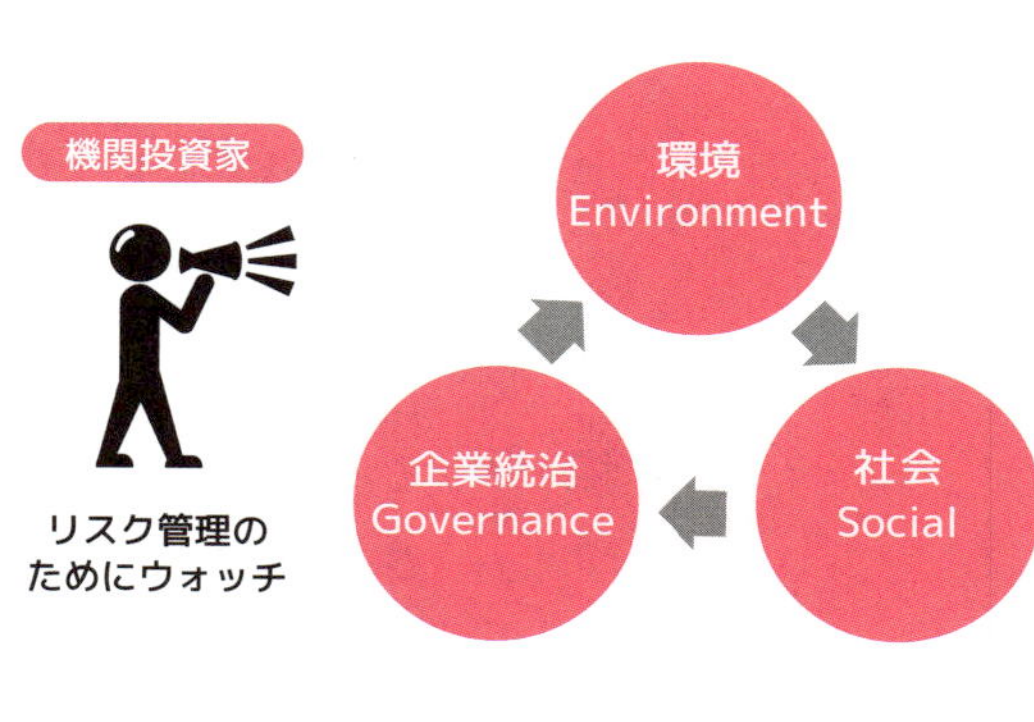

アメリカのMSCIやスタンダード・アンド・プアーズ（S&P）、イギリスのFTSE（フッツィー）など、企業の格付情報等を提供している会社がESG投資のための指標を公表している。

なおESGのGである**ガバナンス**（コーポレートガバナンス）とは、企業統治のことであり、会社の所有者である株主のために企業経営を監視する仕組みのことである。会社は株主のために**企業価値**を最大化すべきだという考えに基づいた体制整備であり、具体的には社外取締役の設置、社内ルールの明確化などがある。

「企業価値の最大化といっても、短期的な利益が最大化で

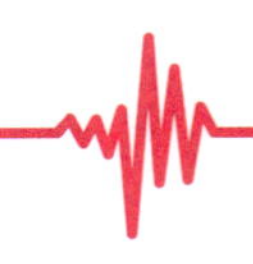

きるかだけではありません。持続可能性も大事です。そのための経営体制を整備しているかがポイントとなります」

たとえば経営陣が長期的な視点にたった経営を推進するインセンティブ（動機付け）として、役員報酬の決め方に持続可能性（サステナビリティ）の指標を採り入れるガバナンスも考えられる。このガバナンスは多くのアメリカ企業に採用されており、日本でもオムロンが役員報酬の評価にDow Jones Sustainability Indices（ＤＪＳＩ）という持続可能性の指標を採り入れている。オムロンはＭＳＣＩのＥＳＧ格付けでＡＡＡの最高評価を得ている（２０１９年６月時点）。

「投資って短期でバンバン儲けるイメージがあったから、持続可能性を問題にするなんて意外」

「年金の資産を運用している機関を前提にすると分かりやすいです」

「ＧＰＩＦみたいなとこ？　年金だから、やっぱり安全確実が大切よね」

「その通りです。安全で確実な投資先とは、どんな会社でしょうか？」

「うーん、ＧＡＦＡみたいに大きい会社！」

「確かにAmazonやFacebookは巨大になりました。でもAmazonは１９９４年設立のまだ20年ちょっとの会社ですよ。Facebookなんて２００４年設立でまだ20年も経っていない。今後どうなるかなんて、誰も分からない」

「そうね、ＧＡＦＡ包囲網もあるしね」

アメリカの上場企業は、２０００年から15年間で５０００社以上が上場を廃止している。多くは**M&A**（合併・買収）によるものだが、経営破綻、プライベートカンパニー化（非上場会社に自らなること）などの理由により退場している会社もある。

日本の上場企業の場合、１９８９年からの平成30年間で、経営破綻だけで２３３件もある。平成最大の上場企業の経営破綻は、総合スーパーのマイカルで負債総額は1兆6千億円だった。

「上場会社といっても、永久に存続しているとは限らないのです。特に今は第4次産業革命です。経済環境の変化が激しいです。だから持続可能性が大事」

ＧＰＩＦのような年金資産の運用機関は、50年後、１００年後の年金支払に備えるために運用している。このため短期的に売買を繰り返して儲けるというよりは、長期的に保有することを前提とした投資となり、ＥＳＧ投資はこの流れに沿っている。

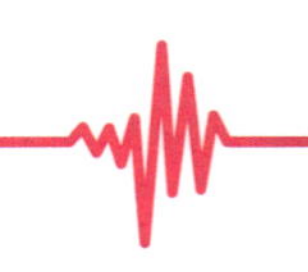

「まあ確かに長期投資を考えれば持続可能性は大事よね。だからPRIはSDGsに関係しているって言ってたんだ」

「ESGは企業に求める持続可能性を大きく3つに分類したもので、SDGsはそれをさらに17のゴールに細分化したものなのです」

ESG投資は投資の考え方であり、MSCIのような第三者機関が指標を提供しているが、具体的な行動のための規定はない。SDGsはこれをさらに17の目標に細分化し、具体的な169のターゲットとその達成度合いを測る232の指標も定めたものともいえる。

たとえばGoal 12『つくる責任、つかう責任』では、『各国の再生利用率、リサイクルされた物質のトン数』が指標として定められている。

しかしこの指標だけでは、各企業の様々な活動をカバーできないため、各企業は独自のKPIを定めている。たとえばダスキンでは、Goal 12のKPIとして2020年までに食品リサイクル法に基づき、再生利用等実施率50％以上とすることを定めている。

なお**KPI**(ケーピーアイ)(Key Performance Indicator)(キー パフォーマンス インジケーター)とは、一つの目標を達成するうえで、その達成度合いを測るために設定される具体的な指標のことである。

「ダスキンも、MSCIのESG格付けで高い評価、得ています（2019年6月時点）」

「ああ、なんか分かってきた！」

美令が突然手を叩いて叫んだので、ピエールはびっくりした。

「人生100年時代で、老後の備えが必要な時代になっている。GPIFのような年金資産の運用機関の存在も大きい。だから投資は、20年後、30年後を見据えた長期投資が重要となる。会社の良い悪いの判断も、短期の利益だけじゃなくて、20年後、30年後どうなっているかという持続可能性が大事になる。特に今は第4次産業革命で経済の動きは速いし、自然環境も守らなければならないし、ジェンダー平等など社会の要求も多様になってきている。だから、持続可能性を判断基準に採り入れているESG投資が重要なの！　どう、合ってる？」

「スバラシイです！」

ピエールが満面の笑みで拍手する。

「よっしゃあ！　私もP:steのバイト代もらったら、長期のESG投資しようかな」

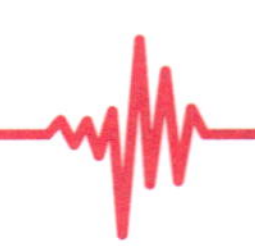

翌日、ピエールと一緒に出演したラジオで、タクミは〝CYCLE〟のコンセプトと歌詞に込めた思いを語った。そして完成版の〝CYCLE〟を初公開した。

その夜のニューヨークのライブは、熱気であふれていた。オープニングはタクミの提案で急遽〝CYCLE〟に変更された。立ち見も含めて超満員の会場は、〝CYCLE〟が始まると熱狂の渦となった。

日本のベンチャー企業のCEO久田がSNSで、「P:steは、アジアの世紀を代表するユニコーンバンドだ」と発信すればイギリスでは、かの大物ロックバンド、サティロスのボーカル、ジャーヴィスが「SDGsを歌うロックバンドが出てくるなんて誰が考えた？ミレニアル世代の考えることはまったく分からない。でも音は最高にクールだ、P:ste！」とテレビで語った。

P:steは、真のブレイクを果たした。

解説

プラットフォーマー

GAFAのようなプラットフォーマーは、優越的な地位があるため、企業や個人などの利用者に対して不当な圧力をかけているという批判があります。

日本でもアマゾンジャパンがマーケットプレイスの出品者に対し、ポイントの原資を強制的に負担させたことは、独占禁止法上の優越的地位の濫用に当たるとして公正取引委員会の調査の対象になりました。公正取引委員会とは、独占禁止法を運用するために設けられた国の行政機関であり、公正かつ自由な取引ができるよう市場経済を監視しています。その後アマゾンジャパンが出品者への強制負担を取りやめたため調査は中止されています。

今後、公正取引委員会や経済産業省、総務省などは、GAFAなどのプラットフォーマーに対して取引の透明性・公正性を確保するためのルールを整備する方針です。

ルール整備のポイントは、公正な競争を歪めたり、競争者である他のプラットフォームベンチャーを不当に排除するなど自由な競争の芽を摘んだりすることで、プラットフォームを利用する企業や個人が一方的な不利益を受けないようにすることです。

特に消費者に対しては多くのユーザーを獲得するために激しいサービス競争を行う一方、プラットフォームを利用する事業者に対しては消費者に行ったサービスの負担のしわ寄せが過剰に行われないようにする必要があります。もちろん過度な規制はイノベーションの妨げになりますので、バランスの取れたルール整備を行うことが重要となります。

ＥＳＧ投資

ＥＳＧ投資のための指標のうち、日本の年金積立金管理運用独立行政法人（ＧＰＩＦ）は、総合型指数として『ＭＳＣＩジャパンＥＳＧセレクト・リーダーズ指数』、各テーマごとの指数として『ＭＳＣＩ日本株女性活躍指数ＷＩＮ）』などを採用しています。

ＭＳＣＩ日本株女性活躍指数（ＷＩＮ）とは、性別多様性に優れているかの視点からスコアを付して企業を選別し、指数を算定する構成銘柄とするものです。職場において性別多様性を推進している企業は、将来的な労働人口減少による人材不足リスクにより良く適応できるため、長期的に持続的な収益を提供すると考えられているからです。

２０１９年６月時点で、ＳＯＭＰＯホールディングス、資生堂などの企業が性別多様性スコアで高スコアを獲得して構成銘柄に選ばれています。

採用ESG指数一覧

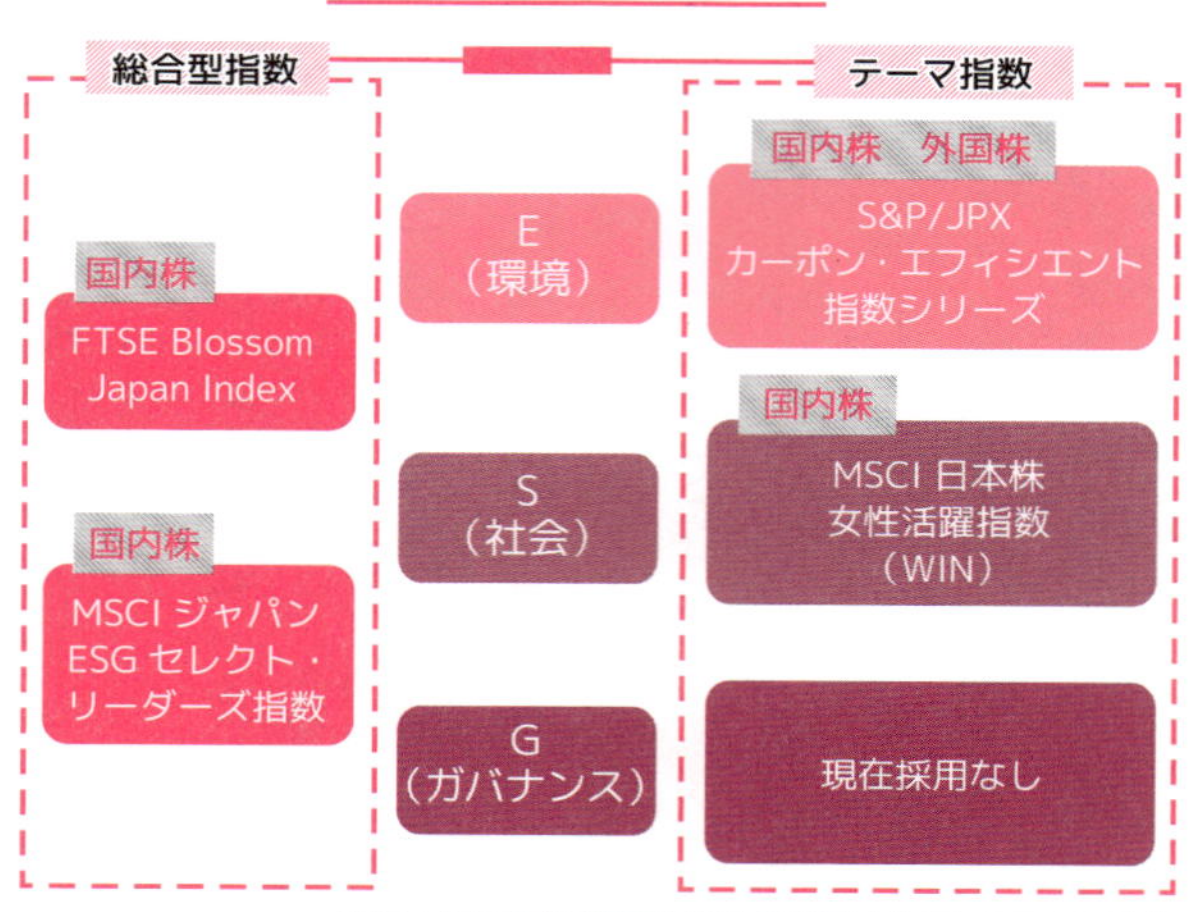

出典：年金積立金管理運用独立行政法人 2018 年 9 月時点

CHAPTER

07

SWITZERLAND / スイス編

	人口	GDP	1人あたり GDP
2007年	760万人	53兆円	704万円
2017年	850万人	75兆円	887万円

グローバリゼーション4・0

ダボス会議のジャパンナイトの会場に、P:steのメンバー全員と美令が入った。係に案内されて自分たちのテーブルにつく。

スイスのダボスで開かれるこの世界経済フォーラム、通称『ダボス会議』は、世界各国から政治家や実業家が一堂に集まり、毎年幅広い問題を討議する会議だ。正式な討論会の他、食事会など様々なイベントも開催される。

『ジャパンナイト』は日本企業主催による夕食会で、P:steもゲストとして招待されていた。

この世界経済フォーラムにロックバンドのP:steが招待されたのは、ニューヨークのラジオで披露したSDGsをテーマにした曲〝CYCLE〟の世界的な反響によるものだった。沖川原はこの曲の収益をすべてSDGsのために寄附すると宣言して、Spotifyのようなサブスクリプション型音楽配信サイトにも配信を認めた。これがまた話題となり、全世界でヒット曲となりつつあるのだ。そうした経緯があって招待に至ったわけだが、この会場で〝CYCLE〟を生披露することになっている。

美令は今回『マネージャー』という立場でここにいる。実際は〝CYCLE〟誕生と、それによるP:steのブレイクに貢献したご褒美のようなものだ。沖川原からその話を聞いた美令は、有名な国際的イベントに出席できる喜びもあるが、久々にメンバーと会えることがうれしかった。

世界ツアーが終わって数カ月経っていた。レコーディング先のドイツから駆けつけたメンバーたちとはさっき再会したばかりだ。

「久しぶりですね、元気でしたか」

常にフラットなタクミ。

「ああ、お疲れ……」

相変わらず寡黙（かもく）なマサル。でもちゃんと目を見てくれたからよしとしよう。

「うぃっす！　元気だった？　向こうで頑張ってるみたいだね、沖川原さんから聞いたよ」

いつも通り、元気で優しいお兄ちゃんのようなケンタ。

「よぉ、生きてたか？　てか俺、腹減っててさあ」

……サクラは安定の唯我独尊（ゆいがどくそん）。

一緒にいた頃とは知名度が全然違う、メジャーなロックバンドとなったP:steに美令は臆する気持ちを抱いていたのだが、いざ会ってみると、あの頃と何も変わらない。

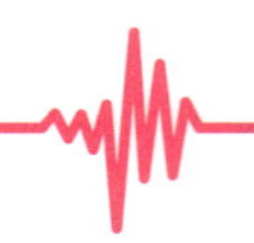

（よかった……）
この日のために、美令はちょっといいワンピースを買った。もちろん自分のお金でだ。国際会議の夕食会ということでさすがにみんなも正装をしている。

日本人男性が会場前方のマイクの前に立ち、英語で開催の挨拶をし始めた。

「本日司会を務めさせていただきます、経団連の立花です。今回のダボス会議の主要テーマはグローバリゼーション４・０です……」

拍手が沸き起こり美令も手を叩(たた)いた。

（グローバリゼーション４・０か……）

その時、真っ赤なドレスを着た女性がドアを開けて入ってきた。女性は美令の隣の席が空いているのを見つけて歩いてくる。その顔には見覚えがあった。

「ああ、田嶋さん！」

コートジボワールに招待してくれた宝石商の田嶋だった。

美令の隣にドサっと腰をおろすと、メンバー全員に向かって「Bonsoir(ボンソワール) !」と優雅に微笑んだ。

そして、小さな声で美令に話しかけてきた。

「久しぶり！　どこのレディかと思ったわ」

まさか田嶋にまで会えるとは思っていなかった美令にはうれしい驚きだった。

（来てよかった……伯父さんありがとう！）

ステージでは司会者の話が続いていた。

「その昔1950年代に国際貿易に革命をもたらしたのは、コンテナでした。サイズや強度に基準が設けられたコンテナは、世界中のクレーン、船舶、トラック、鉄道の設計も一変させました。これにより、モノの輸送が爆発的に増え、輸送コストは1／40に激減したのです。そして今、世界は第4次産業革命のまっただ中です。世界の経済は、国境や地域という境界が意味をなさなくなりつつあり、第4次産業革命により効率化はますます進んでいます。もちろんそこには格差の拡大など様々な問題も生じてきます。でも我々はそれを乗り越え、誰一人取り残されない世界を実現しなければなりません」

グローバリゼーション4・0とは、国境や地域を越えて様々なモノがやりとりされるグローバル化が進展する中で、気候変動や地政学リスクのシフト、格差の拡大、第4次産業革命という事項が複雑に絡みながら、人類がかつて体験したことのないスピードで物事が変化している状況をいう。

「皆さんも、スウェーデンの環境活動家、グレタさんの印象的なスピーチを思い返してください。『大人に希望なんか感じて欲しくない。私は大人にパニックになってほしい。だって今まさに私たちの家は火事なんですから』という彼女の言葉が、いまだに耳から離れません」

2019年1月に開催された世界経済フォーラムで、スウェーデンから参加した16才の環境活動家グレタ・トゥンベルクさんの〝I don't want your hope. I want you to panic.〟という、地球温暖化に対する行動を大人に迫った言葉が世界の注目を集めた。

「……では最後に、本日は日本の経済産業省の方々もおいでですから、経済産業省が作成した第4次産業革命のパンフレットから言葉を引用して私の挨拶を終わりにしたいと思います」

司会者が少し間をとり、声を一段大きくした。

「今が日本の第4次産業革命の分かれ目です！　痛みを伴う転換か、安定を求めたジリ貧か、日本の未来を今選択するときです！　……ご清聴ありがとうございました」

大きな拍手が会場を包んだ。以前より英語が聞き取れるようになっていた美令は、スピーチの概略をつかむことができた。各円卓に前菜が運ばれてきて、グラスにはシャンパンが注がれた。

「よし、食うぞ！」

サクラは本当に空腹だったようで、乾杯もそこそこに食べ始めた。前菜はあっという間に終わり、パンに手を伸ばしていた。

「機内で食べようと思ってたのに寝ちゃってさ」

サクラが言い訳のようにつぶやく。

（忙しいのね）

美令はみんなの顔を見た。疲れてはいると思うが、血色がいいのは心が元気だからだろう。

田嶋はシャンパンを一気に飲み干してナプキンで口を拭き、さきほどのスピーチを振り返った。

「グローバリゼーションで一番得したのは、ここスイスなんだけどね」

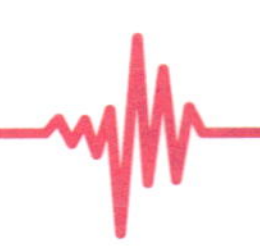

ドイツのベルテルスマン財団による調査によれば、1990年〜2016年の間にグローバル化で一番利益を得たのはスイスであった。2位は日本、3位がフィンランドとなっている。

「スイスと日本、フィンランドに共通しているのは、どこも小国で、山や森林が多いことね」

「こういう国は、外に目を向けるしかないということですね」

話を引き継いだ美令を見て田嶋がうれしそうに笑った。

「その通り！」

スイスは国土の約7割が山岳であり、天然資源にも乏しかったため、早くから経済競争力強化のためにグローバル化を推し進めていた。食品大手ネスレが日本に進出したのは1913（大正2）年である。現在ネスレは190カ国以上で事業を展開している。

「P:ste の曲も国境を越えて世界中で聴かれるようになったじゃない。音楽は国境を越えるというけど、グローバリゼーションを初めて体験したのは音楽の世界なのかもしれないわね」

「田嶋さんがこのダボス会議に推薦してくれたと伺いました。ありがとうございます」

サクラの右隣に座っているタクミが深々と頭を下げた。

「SDGsをテーマにした曲を世界にアピールするまたとない機会でしょ。〝CYCLE〟という曲名が今にぴったりだしね。演奏楽しみにしてるわよ」

「SDGsの曲を作る提案をしてきたのは、彼女なんです」

タクミが美令を手で示すと、田嶋は鷹揚に頷いて言った。

「沖川原さんから聞いたわ。あなたたちは美令ちゃんに頭が上がらないわね」

「そうなんです、美令さまさまなんです」

ケンタが美令に向かってうやうやしくお辞儀をした。

「そ、そんなことないです！　もともとはピエールっていうフランス人の……」

恐縮する美令のグラスにケンタがワインを注いだ。

「はいはいはい、どうぞ美令さま、お飲みください」

「みんな飲みましょう、日本のワインも頑張っているわよ」

田嶋の言葉でもう一度乾杯をした。ジャパンナイトということもあり、用意されていたのはサントリーの『登美 白2011』と『登美 レゼルヴスペシャル2005』だった。

今が第4次産業革命の分かれ目

「そういえば、さっき司会者が『今が日本の分かれ道だ』と言ってたけれど、そこまでヤバいんですかね、日本て」

ケンタが田嶋に問い掛けた。

「そうね、日本が今までと同じようなやり方をしていると、GAFAに売上や利益だけじゃなくて、情報も独占されちゃうと危惧しているの。そうなったら、日本はただの下請け業者になってしまう。今が、その分かれ道ということね」

「GAFA、強いなあ……」

美令も話に加わった。

「強いわよ。インターネットを飛び交っているバーチャルデータについては、日本勢はアメリカのプラットフォーマー勢に完全に出遅れたわ。でもね、リアルデータではまだ戦える位置に入るの」


第4次産業革命は、社会のすべての活動がインターネットを通してデータ化され（IoT）、集まった大量のデータを分析することで新たな価値が生まれ（ビッグデータ）、

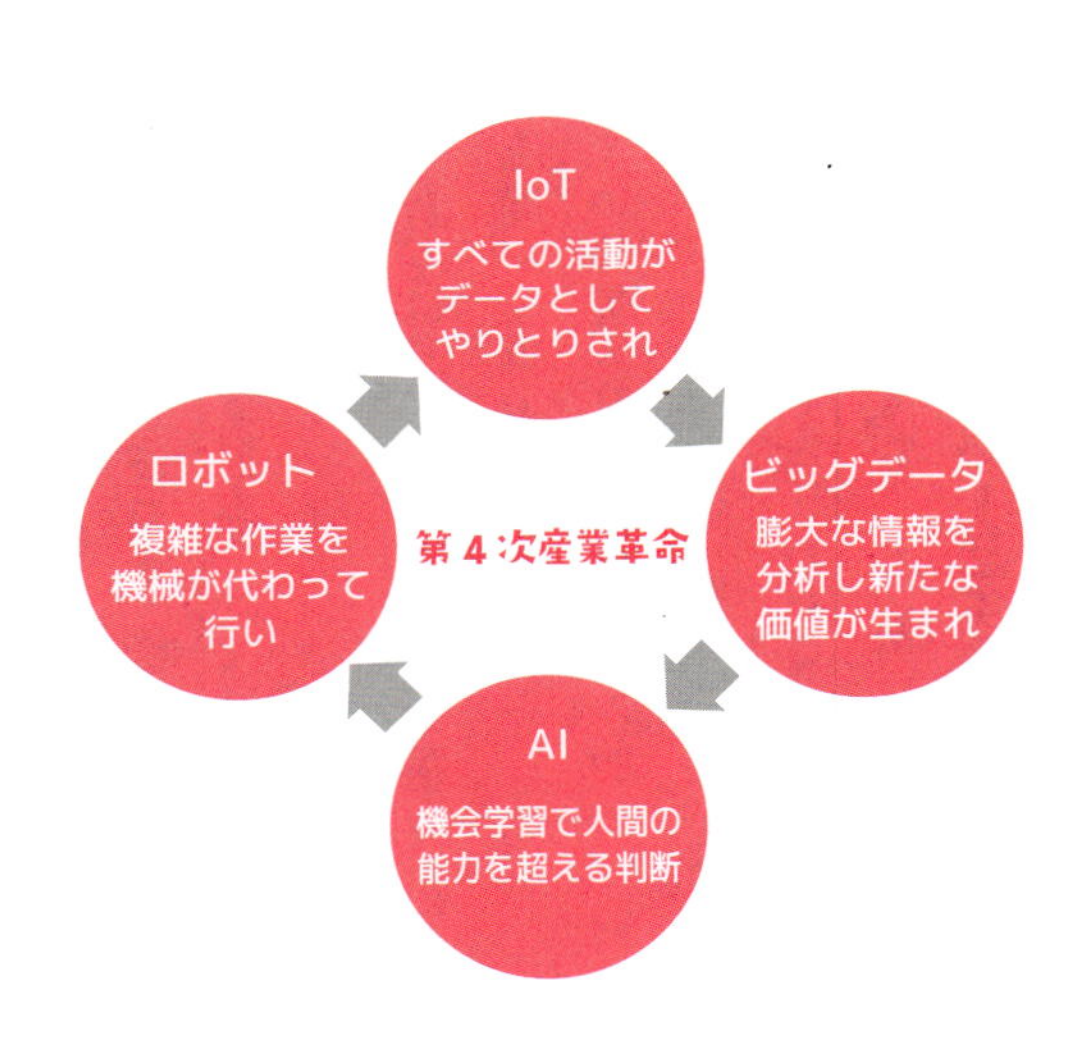

人工知能がそれを機械学習して人間の能力を超える作業を行い（ＡＩ）、複雑な作業も機械ができるようになる（ロボット）社会の実現であり、まずは情報・データから始まる。その情報をＧＡＦＡのようなプラットフォーマーが独占しつつあり、ＧＡＦＡ包囲網はそれに対する抵抗と言える。

バーチャルデータとは、Google検索やAmazonの商品検索、ＳＮＳのインスタ映え投稿などインターネットから得られる情報をいう。これに対して、病院の治療や処方に関するデータやSuica（スイカ）などで分かる移動履歴のデータなど、現実の経済活動から直接得られるデータのことを**リアルデータ**という。

マサルがいつもより大きな声を上げた。

「リアルデータも、キャッシュレス化やＩｏＴ化が進んでいる中国やドイツに負けちゃうんじゃないですか？」

「だから分かれ道なのよ。今まで通りのモノやサービスを単純に売っているだけでは、革命に取り残されて、惨めな思いをすることになるわ」

「ＩｏＴ化は日本ではさほど進んでいないって聞きましたけど、実際どうなんでしょう」

今度はタクミが聞く。

「日本はリアルデータでの勝ち組になり、第４次産業革命を明るい未来にするために国を挙げて取り組もうとしているの。でもＩｏＴの導入率はまだ20％程度と、40％を超えているアメリカには後れを取っているわ。今後の導入意向についても慎重姿勢が強いのよ。日本の大企業は費用対効果なんかに臆病になっているから」

「もともと日本人は慎重ですから、大胆なことをやりたがらないのでしょうか。現状維持が好きですからね。外国人労働者が増えることにも、不安を感じる人も多いですし」

タクミは田嶋と話すと不思議と饒舌（じょうぜつ）になる。

「少子高齢化による労働力不足は待ったなしよ。移民を受け入れて人口を1億4千万人まで回復させ、公用語を英語にすれば、２０５０年には日本はアメリカと並ぶ大国になる、なんて本も出ているわ」

レーガン政権下で日米貿易交渉のアメリカ側実務責任者として活躍したクライド・プレストウィッツは、著書『2050　近未来シミュレーション日本復活』で日本が復活するためのシナリオを描いている。

「でもさ」

マサルが少し顔を曇らせる。

「そんなに頑張らなくてもいい気もする。日本て、どんなに人口が減っても8000万人ぐらいはいるわけでしょ？　それってイギリスやフランスよりも多い。100円ショップやファストフードも充実してるし、最新じゃなくても鉄道とかのインフラも一応整ってる。メルカリやシェアリングエコノミーだってあるし、今のままでもそこそこの生活できる気がするんだ」

「先進国であり続ける必要があるのか、という意見だな」

ケンタがマサルの珍しく長い発言を受けた。

「そういう意見もあるわよね。GDPではアメリカや中国に大きく負けても、外国人労働者なんか受け入れずに、今のままの日本で、そこそこの生活を送れればいいじゃないかって思う人も多いのは確かね」

日本産のワインを一口飲んで、田嶋はP:steの一同を見渡した。

「でも産業革命に負けて、本当に今のままの生活が送れるかしらね？　アジアやアフリカが経済で日本を追い越して、それで今までどおりの生活ができるかしら？　株式市場はどうなってしまうと思う？　年金資産を運用しているＧＰＩＦはどうなる？　今の暮らしが続くという保証はある？　今、日本はＧＤＰで世界第３位よ。でもそれは単純な金額の大きさでしかない。物価水準を考慮したランキング（購買力平価ベース）だと、もうインドに抜かされていて世界で４位。１人あたりのランキングでは世界の30位以下よ。それでも今はまだアジアやアフリカの国より日本は上だけど、アジアの世紀やアフリカの時代が来たらどうなるのかしら。もし日本経済に対する信頼が失われて金利が上がり、国債金利の支払いができなくなってデフォルトになったらどうなるかしら？　このまま同じことを続けていて、のんびりとした生活ができるのかしら？」

デフォルトとは債務不履行のことであり、簡単に言えば借金を返せなくなって踏み倒すことを意味する。通貨の信用を失い、国が物価をコントロールできなくなり急激に物価が上昇する**ハイパーインフレ**の原因ともなる。近年では２０１８年にベネズエラが１７０万％のハイパーインフレに陥った。

P:steメンバーも美令も、田嶋の言葉に圧倒されて言葉も出ない。やはり世界を舞台にビジネスをしている人の視点はシビアだしリアリティがある。

「俺たちは、地球制覇を目指している。ここで負けるわけにはいかない」

目の前の料理をすべて平らげ、ようやくサクラが口を開いた。

(唐突だなあ)

「飲み過ぎじゃない？」と、美令はサクラの前に水を置いた。

田嶋は続ける。

「グローバリゼーションは地球規模での競争も生んだわ。その競争に取り残された人は負け組となって、うかうかしていると二度と上に這い上がれない。社会の変化が激しすぎるからよ。だから社会は今、不満でいっぱい。パリの黄色いベスト運動もその例よね」

モノや情報が国境を越えるグローバル社会は、ネットワーク効果によってGAFAのような一人勝ち・勝者総取り社会(Winner Take All〈ウィナー テイク オール〉)をもたらしやすい。デジタル時代のグローバル化はかつてないほどの格差を生む要素があるからこそ、SDGsでは誰一人取り残されない世界を強調していると言える。

「日本はもう一度外を向いてグローバリゼーション4・0を勝ち抜くか、内に閉じこもって貧しくなることもやむなし、と達観するかの分岐点なの」

「結局さ、俺たち若者が出ていかないと、ダメってことっしょ！」

サクラのシンプルな、でも核心を突いた言葉に納得したのかしないのか、みんなが笑った。


明治は若者による新しいニッポンの起業であり、昭和は戦後で大人がいなかった。どちらの時代も当時の若者達が日本を大国に創り上げた。この二度の歴史から、日本はいざとなれば強いという楽観論もある。しかし、大人が経済を支配した平成という時代は昭和の遺産を守るだけで精一杯だった。果たして令和はどうなるのか。


「まあ俺たちはただのロックバンドだから、やれることは歌うことだけだけどね」

サクラの言葉に田嶋は大きく首を横に振った。

「いいえ、あなたたちのような音楽や芸術、文化の表現者が日本でもどんどん増えていけば、それだけ文化GDPが増えるわ。文化GDPに少子高齢化なんか関係ない。今はSNSやスマホアプリでみんなが表現者になれる時代よ。老いも若いも関係なく表現者になれるの。面白い表現者がどんどん出てきて、日本ってクールで面白い国だな、と世界が思えば世界からの投資だって増えるし、1人あたりGDPだってもっと良くなる。SDGsに表現者を増やすというゴールを入れたいぐらいよ」

「1億総表現者か。……すげえ」

サクラが言うと、

「お前の言う地球制覇も相当すごいけどな」

と、タクミが返し、そこにいるみんなが笑った。

サクラはワインのおかわりを頼んだ。

「ねえ、そんなに飲んで演奏大丈夫？」

美令が心配したが、

「大丈夫だって。俺たちはいつでもどんな状況でも全力を出し切れる準備を怠りなくしてるからね」

とサクラは大きく笑った。

演奏の準備のために呼ばれた4人が席を立った。

サクラが美令と田嶋に向かって親指を立てて健闘を誓った。他の3人も続く。

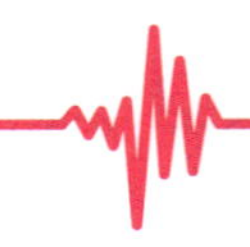

美令も親指を立ててみんなに応えた。

4人を見送る美令の横顔を見て田嶋は言った。

「だいぶ顔つきが変わったわね。コートジボワールで会ったときより自信に溢（あふ）れているわ」

「本当ですか？　自分ではそんなに変わった気はしていないんですけどね」

「あの晩言っていた、やりたいことは見つけたの？」

「具体的なことはまだ見つかっていません。でも田嶋さんが教えてくださったように、まずは今できる仕事や勉強を毎日一生懸命やることで見つかるんだろうなって最近は思っています。そう考えると勉強も楽しくなるし、楽しいことなら毎日アップデートするのも苦じゃないですね」

「自分をアップデート……いい言葉だわ」

田嶋は優しく美令に微笑みかけた。

「自分の人生に本気になれたってことね」


と、突然会場が暗転し、ステージに一筋のライトが当たった。

ライトを浴びたサクラのアカペラが始まる。

８小節、歌い終えると、今度はステージいっぱいにライトが当たった。

ケンタがスティックを二度打ち鳴らすと、タクミのギターが旋律を奏で、裏をとるようにマサルのベースが鳴く。サクラがシャウトした。

「サイクルーーーーーー！」

もはや若者だけでなく、世界中の多くの人たちに知られている〝ＣＹＣＬＥ〟のライブ演奏は、会場にいた普段ロックなど聴かなさそうな有識者たちをも高揚させた。


（P:ste だ……！　P:ste の音だ）


やはり、もう手の届かないところに P:ste はいる。美令は痛感した。

でもこれは素晴らしいことなんだ。

この先、歩む道は違うけれど、ずっと P:ste の１番のファンでありたいと美令は心から思った。

そして、世界を舞台に活躍する彼らに少しでも近づけるよう、１日１日を大切に生きていこう。

またいつか、胸を張って再会できるように。

エピローグ

「美令さん！」

名前を呼ばれて我に返ると、ＡＤの桃子が心配そうに美令の顔を覗き込んでいた。

「大丈夫ですか？　戻ってきましたか」

しまった。ちょっと思い出に浸りすぎていたようだ。時計を見ると本番まで10分を切っている。

美令はメールの束を眺め、フローを確認すると、ふと思いついて桃子に声をかけた。

「ねえ、1曲目〝ＣＹＣＬＥ〟いかない？」

「えー、どっちのですか？」

「P:ste」

「いやあ、さすがにもう聞き飽きてますって。あれだけはやったんだから。P:steだったら新曲のサステナブルもいいじゃないですか」

「そっか。じゃあＦＵＪＩ娘版は？」

世界的ヒットとなったP:steの〝CYCLE〟は、日本のアイドルグループ〝FUJI娘〟によって、ポップス調にアレンジした日本語ヴァージョンがリリースされた。こちらもアジアを中心にスマッシュヒットとなったのだ。

「分かりました。でも1曲目はもう無理ですから……ラストに入れましょう」

「ありがとう！」

最初に読むメールに〝SDGs〟の単語があったことから思いついたのだが、あの頃のことを思い出していたら無性に聞きたくなったというのもある。

P:steは現在、ロサンゼルスでセカンドアルバムを制作中だ。リリースと共に世界ツアーが始まる。今度の会場は前回より2ランクほど大きな箱ばかりだ。

（負けていられないわっと！）

ESG・SDGsに積極的だからと以前購入した株式は、しばらくは美令に利益をもたらしてくれそうだが、並行して目星をつけている次の投資先もリサーチ中だ。よさそうなら即買いしよう。

今夜は本番が終わった後にフランス語のレッスンがある。今は語学習得用のいいアプリもあるが、あえてFace to Faceのレッスンを選んだ。人から受ける刺激は、時間よりも価値がある。明日は貿易国際資格『CITLS』取得のためのスクールが入っている。しかし、勉強するにも資格を取得するにもお金がかかる。ラジオ局からもらう給料は生活費に消えてしまうので、自分のためのお金は投資で得たものを充てているのだ。

美令は実家を出て、部屋を借り、ラジオ局で契約社員として働いている。自分の足でなんとか歩き出したところだ。歩き出しただけで、これからの保障があるわけではなく、手に入れたのも微々たるものだ。はっきり言ってまだまだ厳しい。でも、1年後、10年後の自分を想像するだけでパワーがみなぎってくる。

今の美令を支えているのは、あの80日間の経験だ。己を信じて行動し、成功したたくさんの人たちが、「大丈夫だよ」と言ってくれている気がするのだ。

「次は自分の翼で、世界へ飛び立とう！」

本番を知らせるランプが灯り、美令はマイクに向かった。

皆さんこんばんは！　まずは最初の質問です。

「美令さん、僕は人生に本気になりたいんですが、どうすればいいでしょうか」

完

21世紀の石油

「パーソナルデータは、インターネットにおける新しい石油であり、デジタル世界における新たな通貨である」

これは2011年の世界経済フォーラムで公表された文章です。

従来の社会は石油・電気という天然資源を使っていろいろな機器を動かしていました。指示を出していたのはあくまで人間で、石油・電気は動力源にすぎません。それがこれからは情報という資源によって機器が動くようになるのです。

たとえば真夏の暑いさなか、AIに「できるだけ電気を使わずに、しかも私が快適になるような室温を保って」と話しかけると、天気などの情報に加えて、その人の健康状態や冷え性かどうかなど様々なパーソナルデータをもとに、エアコンや窓の開け閉めを自動的にやってくれる、そんな社会が間近に迫っているのです。

データをもとに様々な生活機器が動くようになる社会、これを「データ駆動型社会」といいます。

この「データ駆動型社会」を実現するためには、多くの情報をビッグデータとして有効に利用できる社会基盤が整わなければなりません。

20世紀は石油を掘り当てた国が資源王国となりましたが、21世紀は情報を掘り当てた国が資源王国になることができるのです。そして日本は今、資源王国になれるかどうかの瀬戸際にあり、情報化社会のための整備が急務となっています。

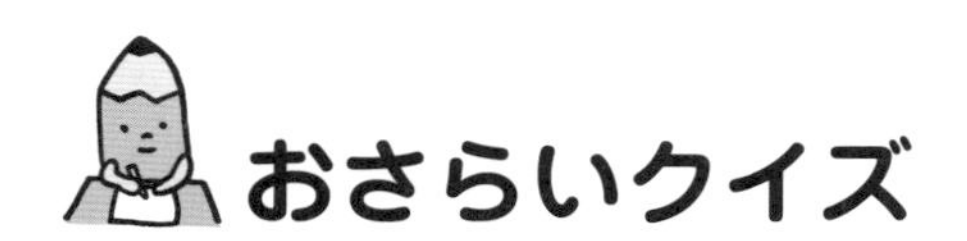

おさらいクイズ

第1〜6問は、『人生をぐるっと変える まるっと経済学』からの出題です。

第1問 2018年度の日本の1人あたりGDPはシンガポールより上か下か

第2問 働く世代の人口がこれから増えてくることを人口ボーナスというが、インドネシアはいつまで人口ボーナスが続くとされている？

第3問 ビットコインのようなブロックチェーンは信頼できる管理者がいなくてもコミュニティに参加しているメンバーだけで成り立っているが、このような仕組みを何と呼ぶ？

第4問 2018年度の調査ではノルウェーの1時間当たり労働生産性はおよそ9千円であるが、日本はおよそ何千円？

第5問 欧州委員会は車の完全運転自動化であるレベル5を何年までに実現を目指すと発表している？

第6問 電車、バス、タクシーなど様々な交通手段を移動するためのサービスとして捉え、ICTにより継ぎ目なく使いこなすことをアルファベット4文字で何という？

第7問 OECDは日本の消費税を将来的に何%にすべきだと提言している？

第8問 アフリカのニジェールの人口は2017年は2千万人であったが、2100年にはどれぐらいになると予測されている？

第9問 SDGsは何の略？

第10問 日本の紙幣発行高は2013年末では90兆円だったが、2018年末では何兆円？

第11問 日本の年金積立金を運用しているGPIFの運用資産は2018年12月末でおよそ何兆円？

第12問 日本の国の負債は2018年度末で何兆円？

→ クイズの答えは、208ページ

参考文献等

《報告書・記事等》

【日本編】

- 「未来投資戦略 2017」内閣府,2017 https://www.kantei.go.jp/jp/singi/keizaisaisei/pdf/miraitousi2017_t.pdf
- 「平成 29 年度　国の財務書類」財務省 https://www.mof.go.jp/budget/report/public_finance_fact_sheet/fy2017/kuninozaimu2017.html
- 「国債等の保有者別内訳 平成 31 年 3 月末速報」財務省 https://www.mof.go.jp/jgbs/reference/appendix/breakdown.pdf
- 「平成 29 年度『国の財務書類』のポイント」財務省主計局 https://www.mof.go.jp/budget/report/public_finance_fact_sheet/fy2017/fy2017point.pdf
- 「OECD 経済審査報告書　日本」OECD,2019 http://www.oecd.org/economy/surveys/Japan-survey-2019-overview-japanese.pdf
- 「特定技能の在留資格に係る制度の運用に関する方針について」閣議決定,2018 https://www.kantei.go.jp/jp/singi/gaikokujinzai/kaigi/dai3/siryou2-2.pdf
- 「ＮＮＡカンパサール　No.33」共同通信,2017 https://www.nna.jp/nnakanpasar/backnumber/171001/feature_002
- 「生活製品における IoT 等のデジタルツールの活用による生活の質の向上に関する研究会報告書」経済産業省,2019 https://www.meti.go.jp/policy/mono_info_service/mono/fiber/downloadfiles/01_report.pdf
- 「クローズアップ現代」ＮＨＫ,2018 年 9 月 13 日放送分 https://www.nhk.or.jp/gendai/articles/4182/index.html?1536733717
- 「国民年金平成２６年財政検証結果レポート ―「国民年金及び厚生年金に係る財政の現況及び見通し」」厚生労働省,2015 https://www.mhlw.go.jp/file/06-Seisakujouhou-12500000-Nenkinkyoku/report2014_all.pdf
- “Global pension assets study 2018” Thinking Ahead Institute,2019 https://www.thinkingaheadinstitute.org/en/Library/Public/Research-and-Ideas/2019/02/Global-Pension-Asset-Survey-2019
- 「２０１８年度第３四半期運用状況（速報）」GPIF,2019 https://www.gpif.go.jp/operation/state/pdf/h30_q3.pdf
- 「主要国の対外純資産（平成 29 年度末）」財務省 https://www.mof.go.jp/international_policy/reference/iip/2018_g3.pdf
- 「平成 29 年末現在本邦対外資産負債残高の概要」財務相,2018 https://www.mof.go.jp/international_policy/reference/iip/2017.htm
- 「通商白書 2015」経済産業省,2015 https://www.meti.go.jp/report/tsuhaku2015/index.html
- 「ジェトロ世界貿易投資報告２０１８年版」日本貿易振興機構,2018 https://www.jetro.go.jp/world/gtir/2018.html
- 「新たな外国人材の受入れに関する在留資格「特定技能」の創設について」法務省入国管理局,2019 https://www.kantei.go.jp/jp/singi/gaikokujinzai/kaigi/dai2/siryou2.pdf
- 「焦点:財政拡大理論「ＭＭＴ」、理想の地は日本か」ロイター,2019 年 3 月 8 日 https://jp.reuters.com/article/mmt-japan-idJPKCN1QP072
- 「日本銀行が国債の引受けを行わないのはなぜですか？」日本銀行 https://www.boj.or.jp/announcements/education/oshiete/op/f09.htm/
- 「強力な金融緩和継続のための枠組み強化」日本銀行,2018 年 https://www.boj.or.jp/mopo/mpmdeci/state_2018/k180731a.htm/

【コートジボワール編】

- “World Population Prospects 2017 Revision” 国連

・「国際連合『世界人口予測・2017年改訂版』概要」国立研究開発法人 国際農林水産業研究センター https://www.jircas.go.jp/ja/program/program_d/blog/20170626

・「世界の言語別使用人口」文部科学省　http://www.mext.go.jp/b_menu/shingi/chukyo/chukyo3/015/siryo/attach/1400976.htm

・「ジェトロセンサー 2017年2月号『アフリカ　フィンテックが未来を変える』」独立行政法人日本貿易振興機構 https://www.jetro.go.jp/ext_images/_Reports/01/b65e34cd54825211/20160116.pdf

・「平成27年版　情報通信白書平成」総務省,2015 http://www.soumu.go.jp/johotsusintokei/whitepaper/ja/h27/html/nc123130.html

・「FinTechー現状とこれから」日本銀行FinTechセンター,2018　https://www.boj.or.jp/announcements/release_2018/rel180314b.pdf

・「アフリカの鉱山資源の重要性と我が国の取り組み」経済産業省　https://www.mofa.go.jp/mofaj/area/africa/pdfs/sm_kanmin_1_6.pdf

・「通商白書2016」経済産業省 https://www.meti.go.jp/report/tsuhaku2016/pdf/2016_02-04-01.pdf

【ノルウェー編】

・“Living Planet Report” WWF,2018 https://wwf.panda.org/knowledge_hub/all_publications/living_planet_report_2018/

・「平成29年度水産白書」水産庁,2018 http://www.jfa.maff.go.jp/j/kikaku/wpaper/29hakusyo/

・「平成28(2016)年度ニシン北海道の資源評価」北海道区水産研究所　http://abchan.fra.go.jp/digests28/details/2823.pdf

・「持続可能な食材の調達」日本マクドナルド株式会社　http://www.mcdonalds.co.jp/company/scale_for_good/sourcing/

・「食品などが及ぼす環境影響を追跡可能に　新たなブロックチェーン・プラットフォーム」WWFジャパン,2019　https://www.wwf.or.jp/activities/activity/3855.html

・「MSCニュースレター 2019年1月」MSC(海洋管理協議会)日本事務所,2019 https://www.msc.org/docs/default-source/jp-files/newsletter/msc%E3%83%8B%E3%83%A5%E3%83%BC%E3%82%B9%E3%83%AC%E3%82%BF%E3%83%BC2019%E5%B9%B41%E6%9C%88.pdf?sfvrsn=257bb031_2

・「水産エコラベルの普及・推進について」水産庁,2019　http://www.jfa.maff.go.jp/j/kikaku/shiawase/suishinkaigi/sskg_7_8.pdf

・“BETTER BUSINESS BETTER WORLD” Business & Sustainable Development Commission,2017 http://report.businesscommission.org/report

【スウェーデン編】

・「キャッシュレス・ビジョン」経済産業省,2019 https://www.meti.go.jp/press/2018/04/20180411001/20180411001-1.pdf

・「世界の消費税(付加価値税)152カ国」全国間税会総連合会 http://www.kanzeikai.jp/img/f_users/r_6823811img20180928155338.pdf

・「消費税など(消費課税)に関する資料」財務省 https://www.mof.go.jp/tax_policy/summary/itn_comparison/j04.htm

・「税収に関する資料」財務省,2018

・「法人課税に関する基本的な資料」財務省 https://www.mof.go.jp/tax_policy/summary/corporation/c01.htm

・「資料シリーズNo.197　諸外国における育児休暇制度等、仕事と育児の両立支援にかかる諸政策」独立行政法人労働政策研究・研修機構 https://www.jil.go.jp/institute/siryo/2018/documents/197.pdf

・「METE Journal　政策特集/キャッシュレス決済が日本を変える　vol.2」経済産業省,2018 https://meti-journal.jp/p/2059/

【中国編】

・「社会問題にまで発展した中国タクシー配車アプリの実態とは」Sayuri Morimoto,2014 http://shund.red/2014/12/18/taxi/

・「中国都市部でのスマホ保有率は日本の約２倍の93.1%」MarkeZineニュース
https://markezine.jp/article/detail/17788

【アメリカ編】

・“Share of U.S. Households without a Bank Account Continues to Drop” Federal Deposit Insurance Corporation Press Releases October 23, 2018　https://www.fdic.gov/news/news/press/2018/pr18077.html
・「PRI、2018年に署名機関数2232となり21%増加。日本は68機関で世界10位」Sustainable Japan、2019/01/31
https://sustainablejapan.jp/2019/01/31/pri-signatories-2018/36906
・「野村資本市場クォータリー　2017年冬号」野村資本市場研究所　http://www.nicmr.com/nicmr/report/backno/2017win.html
・「オムロン企業情報　コーポレート・ガバナンス　役員報酬」オムロン,2019
https://www.omron.co.jp/about/corporate/governance/compensation/
・「減少するアメリカの上場企業」ニッセイ基礎研究所,2017　https://www.nli-research.co.jp/report/detail/id=57443?site=nli
・“Why It' s a Big Deal That Public Corporations Are Vanishing” FORTUNE,2017
http://fortune.com/2017/02/01/public-corporations-are-vanishing/
・「上場企業倒産状況（速報値：12月28日12時現在）」東京商工リサーチ,2018
https://www.tsr-net.co.jp/news/analysis/20181228_01.html
・「CSR 重点テーマの設定」ダスキン　https://www.duskin.co.jp/csr/csrvision/policy/
・「MSCIジャパンESGセレクト・リーダーズ指数構成銘柄」MSCI,2019　https://www.msci.com/documents/1296102/3556282/2017+Dec_ESG+Select+Leaders+list.pdf/831a09c7-2745-48dd-9b2b-bbcaefd321b5
・「(平成31年4月11日)アマゾンジャパン合同会社によるポイントサービス利用規約の変更への対応について」公正取引委員会,2019
https://www.jftc.go.jp/houdou/pressrelease/2019/apr/190411.html
・「取引環境の透明性・公正性確保に向けたルール整備の在り方に関するオプション」デジタル・プラットフォーマーを巡る取引環境整備に関する検討会,2019　https://www.meti.go.jp/press/2019/05/20190521004/20190521004-1.pdf
・「MSCI日本株女性活躍指数構成銘柄」ＭＳＣＩ,2019　https://www.msci.com/documents/1296102/3556282/2017+Dec_WIN+list.pdf/13d780e0-35b8-4090-a945-d1bfabf828df

【スイス編】

・「MLIT歴史アーカイブス『コンテナリゼーションと港湾の役割』」国土交通省　https://www.mlit.go.jp/page/kanbo01_hy_000941.html
・「第四次産業革命がけん引するグローバリゼーション4.0」世界経済フォーラム,2019　https://jp.weforum.org/agenda/2019/01/4-0/
・“Greta Thunberg "Our House is on Fire" 2019 World Economic Forum (WEF) in Davos” UPFSI,2019
https://www.youtube.com/watch?time_continue=328&v=zrF1THd4bUM
・“2018 Globalization Report” Bertelsmann Stiftung,2018　https://www.bertelsmann-stiftung.de/fileadmin/files/BSt/Publikationen/GrauePublikationen/MT_Globalization_Report_2018.pdf
・「Market Report Vol.047 ＜２位に躍進したスイスのグローバル化指数＞」損保ジャパン日本興亜アセットマネジメント,2018　https://www.sjnk-am.co.jp/resources/61/61b6d3ed9f833a8aa2698dbb141dacced816b462.pdf
・「平成30年度年次経済財政報告」内閣府
https://www5.cao.go.jp/j-j/wp/wp-je18/index_pdf.html

- 「ベネズエラ、インフレ率169万%に」日本経済新聞,2019/1/10 https://www.nikkei.com/article/DGXMZO39838900Q9A110C1EAF000/
- 「平成26年版情報通信白書」総務省 http://www.soumu.go.jp/johotsusintokei/whitepaper/ja/h26/pdf/index.html

《統計》

- IMF DATA
- 世界銀行「Fertility rate,total(births per woman)」
- OECD Tax Database
- 日本銀行「時系列統計データ」

《書籍》

- 『政府の隠れ資産』ダグ・デッター,ステファン・フォルスター,2017
- 『2050 近未来シミュレーション日本復活』クライド・プレストウィッツ,2016,東洋経済新報社

《本書の記載について》

- 2019年9月時点の情報をもとに本書は作成されています
- GDPはすべて名目GDPを使用しています
- 円換算はすべてドル/円為替レート110円にて算出しています

『ジュグラーの波』で経済が身近になりました

向井地（むかいち）　美音（みおん）（AKB48）

最初は、経済のことを何も知らない私で大丈夫なのかな？　と思いましたが、澤先生の解説が毎回わかりやすかったのと、台本にはない個人的な質問にもしっかり答えてくださるので、不安は徐々になくなっていきました。

収録の度に知らないワードが登場しますが、今経済界で注目のホットなワードを新たに知ることができてすごく勉強になっています。

経済が苦手だという人は、経済用語にカタカナや英語、略語が多いことも理由のひとつなのかなと思います。私も同じで、『SDGs』などをワードだけで覚えようとすると頭がごちゃ混ぜになってしまいます。でもラジオ番組『ジュグラーの波』やこの本は、それぞれの略語の元の英語と意味をしっかり解説し、どういうシチュエーションなのか物語と紐づけしてあるので、断然理解しやすいんだと思います。

あと、番組の最後に出題されるクイズもすごく効果的で、暗記のモチベーションに繋がっています。


今までで一番印象に残っている経済用語は、初回の放送で登場したエシカルファッションやエシカルダイヤモンドの『エシカル』です。ファッションという興味のあるテーマを澤先生が選んでくださったおかげで、緊張も解けて第一回目の収録をいい形で終わらせることができました。そして、今まで気づかなかっただけで、『経済』は私たちの生活と密接に関わっていると知り、堅苦しくて難しいイメージは、早々に吹き飛ばされました。

AKB48の新曲のタイトル〝サステナブル〟も、このラジオ番組をやっていたおかげで、メンバーの誰よりも先に言葉の意味を知っていたと思います。

まさか自分たちの曲に経済用語が使われるとは

SONY

思ってもみませんでしたが、一気に曲に対する思い入れが強くなりました。

『まるっと経済学』ではロックバンド『P:ste』が登場しますが、この4人のメンバーがとても魅力的で、本当に引き込まれました。特にボーカルのサクラが印象的で、わがままな部分もあるけど、決してブレない人間性や統率力に魅力を感じました。さりげなくバイリンガルなところもかっこよかったですね。


最後に、私のように経済のことを今まであまり詳しくなかった人や、これから経済を学ぼうとする方たちが、この本の世界旅行を通して経済を身近に感じ、一歩を踏みだしていただけるきっかけになれば嬉しいです。

解説だけの見るからに堅苦しい経済本とは違い、物語が主体で、各章の復習として解説があるため、気負わなくてもスムーズに理解へと導いてくれます。ストーリーも面白く、物語の情景を思い浮かべながら没頭して一気に読み進められました。主人公の美令ちゃんが成長していく姿も嬉しかったです。

先日仕事で初めてマレーシアに行ったとき、前作に書いてあった（駅のホームドアが屋根まである）ことを実際にこの目で確認できて感動しました。みなさんの世界旅行のお供にも是非！

おわりに

著者の澤先生は、公認会計士であり、その専門分野の経済、財政、会計を日常生活の一コマとして平易に物語る天才クリエーターである。著者の活動は幅広い。本職の上場企業監査に留まらず、乃木坂やＡＫＢのメンバーと一緒にＦＭラジオ番組のパーソナリティを務めたり、簿記などの資格取得のハウツー本を書きベストセラーになっている。

書店を覗くと、分かり易さの観点を優先して書かれた政治、経済、歴史、国際関係の教養本が山積している。対照的に本書は専門家である澤先生が正確さに基本を置き、俗にいうとブレがない形でストーリーを作り、その中に課題を登場させ、現状を説き、解決の出口へ誘ってくれる。小職の専門科目と重畳する分野であるが、大学のテキストにも使用可能なレベルでこれほど見事に分かり易く、喫緊のテーマを記述している著作は見当たらない。高校や大学の副教材として、活用が見込まれるが、漫画化やアニメ化などの映像化も期待されるところである。

ところで、もう30年も昔になるだろうか。吉本新喜劇の舞台で「君たちがいて僕がいる」と突っ込み、笑いを取っていたコメディアンのチャーリー浜がいた。

そのワンフレーズの通り、人間は誰も一人では暮らせない。周りに大勢の人がいる。そして大勢の人が生活をする経済社会は、交通・通信手段の発展や財・サービスの提供主体である企業の提携・合併、また、金融・資本市場の動き、さらにアメリカなど海外諸国との緊張関係によって絶え間のない非連続的な変化が続いている。

その経済社会の括りは、かつては市や県などの地方公共団体であったりしたが、現代では、国をベースとするものの、アジア地域、ＥＵ諸国、南北アメリカなどグローバルな環境下に置かれている。その環境で問題となるのは、基本的に貿易と裏付けになる国際金融である。各国それぞれが、得意な優越的産業分野に特化し、生産性を上げ、供給を増やすことが求められる。

成田空港で国際線の飛行機に乗れば、世界中のどこの国にもほぼ一日で往くことができる。情報通信は、SNSに代表されるように世界を瞬時で駆け巡る。トランプ大統領のツイッターを誰でも読むことができる。大リーグ野球でエンジェルス大谷選手の活躍を衛星放送によって同時に観ることができる。輸送も大型コンテナ船やタンカーで膨大な品物が日々遣り取りされている。通貨も法定通貨に限らず、グローバルな決済性を持つ仮想通貨が登場している。4大IT産業の一つであるFacebookが新仮想通貨libraの構想を公表し、自由競争通貨の登場をイメージさせている。要するに、自国と他国との空間が狭まり、「君たち」は異邦人ではなく、身の周りにいるフラットな同胞となっている。

そこで、自国のことは当然であるが、世界の各国がどのような経済状況にあるか、具体的には国土や人口構成や財政状態、福祉・年金・医療にかかる社会インフラの整備、産業構造の変容、企業統治や会計基準、金融機関の役割、投資環境、支払い決済手段、文化や労働、ファッションや流行、国際機関の動きなどがどのようになっているのかを知る必要がある。

こうした情報を知る手掛かりとしてIMFの資料や世界銀行の国際統計などや日本の各省庁が作る分厚い白書などもある。しかし、これらの図書を解説してくれる人もなく、ただ数字を眺めることは苦痛以外の何物でもない。比較すらできないだろう。本書では、見事にその水先案内人の役割を、主人公たちが交わす会話の中で果たしてくれる。一読された方は、経済の緊要な専門知識について理解を得た満足感に達するのではないだろうか。多くの方々に読まれることを推奨できる好著である。


中部学院大学経営学部学科長・教授　畠山久志

《おさらいクイズの答え》

- 第1問 ：下
- 第2問 ：2030年
- 第3問 ：トラストレス
- 第4問 ：5千円
- 第5問 ：2030年
- 第6問 ：MaaS
- 第7問 ：20%～26%
- 第8問 ：1億9千万人
- 第9問 ：Sustainable Development Goals
- 第10問：110兆円
- 第11問：約150兆円
- 第12問：1,239兆円

経済ニュースが簡単に理解できる

まるっと経済学

2019年11月27日　第1刷発行

著者　澤 昭人

協力　向井地 美音（AKB48）
Mama&Son Inc.

編集協力　粟田 佳織

編集人　諏訪部 伸一、江川 淳子、野呂 志帆
発行人　諏訪部 貴伸
発行所　repicbook（リピックブック）株式会社
〒353-0004　埼玉県志木市本町5-11-8
TEL　048-476-1877
FAX　03-6740-6022
https://repicbook.com
印刷・製本　株式会社シナノパブリッシングプレス

　ISBN978-4-908154-21-8